如果國寶會說話

第一季

《如果國寶會說話》節目組

編著

中 華 教 育

目錄

序一

巍巍華夏，泱泱九州。中華民族5000多年的恢弘歷史創造了博大精深的中華文明，留下了燦若繁星的文物瑰寶。中國國家主席習近平強調，「讓收藏在博物館裏的文物、陳列在廣闊大地上的遺產、書寫在古籍裏的文字都活起來，讓中華文明同世界各國人民創造的豐富多彩的文明一道，為人類提供正確的精神指引和強大的精神動力」。中國國家文物局始終致力於中國文化遺產保護的生動實踐，為延續中華文脈、傳承中華文明，不斷加大文物保護力度、保障文化遺產安全、推進文物合理利用、深化文物對外交流合作。全國76.7萬處不可移動文物、1.08億件/套國有館藏文物，歷久彌新，雋永多姿，成為新時代中國閃耀世界的金色名片。

紀錄片《如果國寶會說話》由中央宣傳部指導，中央廣播電視總台、中國國家文物局共同打造，用精巧的節目構思、精美的電視語言、精煉的講述手法為全球億萬觀眾展現中華文物的魅力。這些文物精品，有的歷盡滄桑，見證中華文化薪火相傳、代代守護的高貴品格；有的跋山涉水，記錄中華文明親仁善鄰、交流互鑒的高遠境界；有的底蘊深厚，積澱中國人民崇德尚善、自強不息的高尚情懷。過去，它們或曾束之高閣、塵封千年；如今，它們走進千家萬戶、涵養社會大眾。中國古語有云，「周雖舊邦，其命維新」。

今天，我們把《如果國寶會說話》的同名圖書奉獻給全世界熱愛文化、珍視文物、傳承文明的朋友。願中國文化與各國文化交相輝映，願古老文明與現代文明相得益彰，願華夏文物瑰寶與人類文明結晶永續傳承。期待並歡迎大家來到中國的文博單位，親眼見證中華文物的絢爛多彩，親身感受中華文明的源遠流長！

顧玉才

中國國家文物局

序二

　　中央廣播電視總台央視紀錄頻道，是中國唯一國家級專業紀錄片平台。近年來，紀錄頻道以「創新突破的表達、媒體融合的手段、國際頂級的影像」詮釋與傳播中華文明為宗旨，推出了一系列呈現中華文明風貌的高品質紀錄片。

　　中國存世的文物，在數量與質量上都是世界翹楚。文物雖靜默不語，卻蘊含着豐富的信息。如何從電視藝術、視覺呈現、信息組織與再傳播的角度，找到最適於文物本體，以及當下傳播特點的形式，讓文物「說話」，是我們一直以來思考的問題。《如果國寶會說話》正是在這一領域的重要實踐和探索。

　　《如果國寶會說話》是由中宣部、中央廣播電視總台、國家文物局共同實施的國家涵養工程百集紀錄片。該片選取在中華文明進程中具有標誌性作用的100 件文物，以每件主文物一集、每集 5 分鐘的短小篇幅，集合起 500 分鐘的鴻篇巨制，從「文明進程指示物」的角度，重新解讀文物，以文物認識中華文明，從而起到「中華文明視頻索引」的作用。這不僅是全新的紀錄片形式，更是在全新傳播語境和手段上的創造性嘗試。

　　如果說紀錄片是從文物本體到影像的第一次轉化，那麼《如果國寶會說話》同名圖書，則是第二次轉化。這本書將帶領讀者實現上下八千年、縱橫兩萬里的文物縱覽，能對基於文物的中華文明建立印象，同時又能深入了解某件具體文物的信息。在這裏，大歷史與小文物有機融合，文物不再是孤立於博物館展櫃的「物品」，而是從歷史中走來的帶有氣息的文明信使，從而讓受眾更好地進入歷史情境，體認中華文明。

　　這本書的出版是「中華文明視頻索引」的階段性回顧。我們希望能與觀眾和讀者們一起，共同感受古老文明帶給我們的震撼與感動，探索索引之外更浩瀚豐富的中華文明的廣闊時空，從而對於我們身處的歷史時空有更明晰的認知和方向。

張寧

中央廣播電視總台

人頭壺

最初的凝望

人頭壺

館藏：西安半坡博物館
出土：陝西省洛南縣
年代：新石器時代仰韶文化

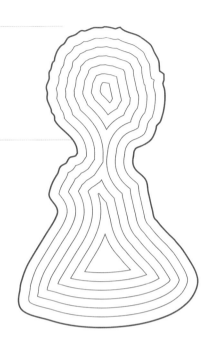

你來自泥土，頭微微揚起，彷彿仰望天空。6000多年過去了，我們進食、生存、繁衍，不斷進化。而今凝望着你，我們依舊在思索這一切的意義。

鯢魚紋彩陶瓶
甘肅省博物館
新石器時代

人頭壺 —— 紅陶材質，由仰韶文化先民製作於6000至6500年前。那時候的人們不斷打磨手中的石器，開始馴養家畜，開墾田地，形成聚落。人類歷史進入了新石器時代的紀元。

陶是人類第一次從無到有的實驗。在雙手的作用下，土壤、水、火交織在一起，發生物理和化學反應，實現質的轉換。

鶴魚石斧圖彩陶缸
中國國家博物館
新石器時代

人頭壺側面

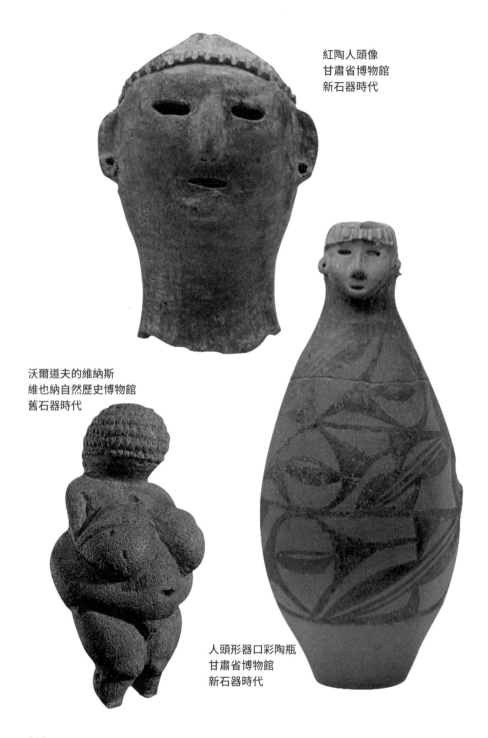

紅陶人頭像
甘肅省博物館
新石器時代

沃爾道夫的維納斯
維也納自然歷史博物館
舊石器時代

人頭形器口彩陶瓶
甘肅省博物館
新石器時代

　　從對泥土的把弄開始，人類認識到自身創造萬物的非凡能力。初生如光明照耀，死亡如黑夜降臨。人類一次次地發出悠長的疑問，也一次次地溶解於沉重的泥土。根源於對生和死的思考，人類開始了對自我的凝望。

　　世界各大古老文明的覺醒大約都從人像藝術的誕生開始。這件仰韶文化陶壺只不過是大地留下的億萬張迷惘的面龐之一。

　　陶壺的人像難以分辨男女，那微微上翹的嘴脣彷彿兒童般純真地仰起。這件器物既是壺，也是人的身體。那寬大渾圓的腹部似乎隱喻着女性的豐腴

紅陶人面像
甘肅省博物館
新石器時代

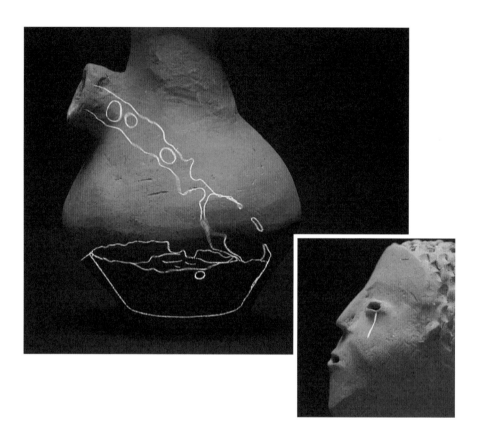

身材與生育機能。人頭壺的後背伸出一根斷面呈扁圓形的管道，用於向壺內注水，眼睛和嘴巴則構成出水口。窄小的出水口降低了器物的實用性，暗示了這件陶壺或許還具有額外的功能。當水從人頭壺的眼睛流出，恰如淚水流淌，紀念着人類孕育的最初痛楚。

　　那些古人參照自身捏塑出的形象，比它們的製作者擁有更漫長的生命，與大地同壽，至今容顏清晰。

　　我們凝望着最初的凝望，感到另一顆心跨越時空，望見生命的力量之和。6000 年，彷彿剎那間。村落成了國，符號成了詩，呼喚成了歌。

1924 年春，安特生和他的中國團隊在蘭州郵電局給文物裝箱。

安特生與仰韶文化

　　1914 年，瑞典地質學家安特生（Johan Gunnar Andersson，1874 年 7 月 3 日–1960 年 10 月 29 日）來到中國，協助中國政府尋找鐵礦和煤礦。此時中國正在軍閥混戰時期，尋找礦藏的工作無法按計劃進行，安特生改為調查採集中國古生物化石。1921 年，當時在河南仰韶村調查的安特生被一些流水沖刷露出地面的彩繪陶片所吸引，中國田野考古學的序幕被揭開。由安特生主持，中國地質學家一同參與的考古發掘在仰韶村展開，出土了大量的帶有彩繪圖案的精美陶器。這種文化類型按發現地命名，即著名的「仰韶文化」，是中國第一個考古發掘的史前文明。

安特生

姜寨聚落遺址

　　1972－1979 年間，中國考古學家在陝西省西安市姜寨村發掘了一個完整的史前村落，即姜寨聚落遺址。從考古發掘的陶器、石器等遺物來推斷，這個村落屬於仰韶文化時期，並持續存在了很長一段時間。

　　這個村落整體為圓形，中間為一塊廣場，所有房屋的門都朝向廣場圍繞排列。房屋有 100 多座，大致可分為五個羣體，每個羣體內都有一座較大的房子。房子外有許多陶窯，陶器是當時的人們都會製作的一種實用器具。廣場內有兩處圈養牲畜的場地，牲畜可以為村落中的人們提供肉類和勞動力。村落中的人們死去後，被按照一定血緣親族關係，埋葬在聚落外的東邊和南邊。在這裏發現了 600 多座墓葬，陪葬品有人們生前使用的石器、陶器和裝飾品。

姜寨聚落遺址復原

仰韶文化遺址全景

姜寨聚落遺址發掘現場

新石器時代人頭像

中國的新石器時代開始於八九千年以前，那時的人們開始村落定居生活，逐漸開始種植農作物、飼養家畜，磨製石器和陶器的技術愈發成熟，紡織術開始形成。在滿足了基本的日常生活需求之後，人們開始了對美的追求，這是一種高級的精神需求。他們用隨處可見的泥土，按照自己的樣貌，塑造出了這些陶人像。

有些人像是附在實用器上的裝飾品，如安特生在仰韶村發現的彩繪人像，它們的雙耳、雙目和嘴部有穿孔，面部有彩繪，被裝飾在陶壺或者陶盤上。而另一些陶人像被賦予原始的宗教信仰意義，中國東北地區的牛河梁地區發現一座紅山文化房屋遺址，房屋遺址牆壁上有彩繪，室內發現大量的陶塑人像殘塊，最重要的就是發現一尊真人大小的陶塑頭像，它面部塗有紅色，雙眼內鑲嵌青色玉片，被譽為「紅山文化女神像」。2012 年，在內蒙古又發現一尊紅山文化的整身陶塑人像，它雙手在身前交叉，盤腿而坐，嘴部前突像在呼喊，應該是當時的巫師形象。

蚌埠紋面人頭像

黃陵橋山陶塑

這些新石器時代的陶人像，展現了原始先民們的美術創造力和豐富的想像力，也為我們揭示了祖先們的形象。

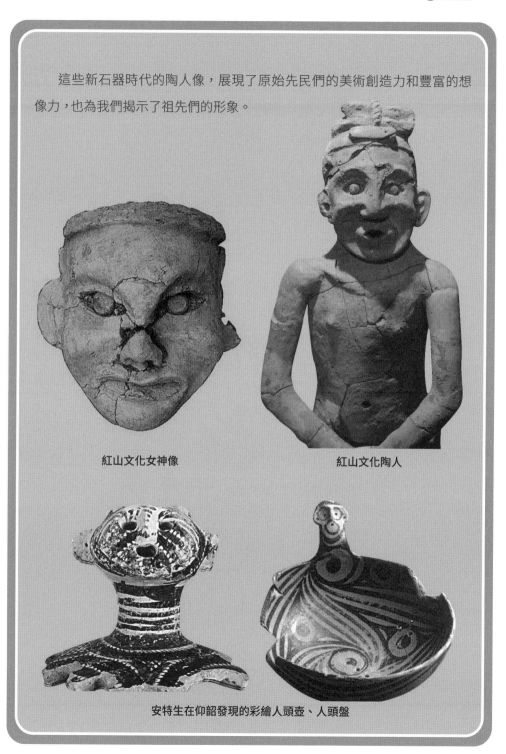

紅山文化女神像

紅山文化陶人

安特生在仰韶發現的彩繪人頭壺、人頭盤

賈湖骨笛
穿越九千年的笛聲

賈湖骨笛

館藏：河南博物院
出土：河南省舞陽縣賈湖村
年代：新石器時代

9000 年前一隻仙鶴死去，把翅骨留在原始人的村落裏。人們捧着它，耳邊響起鶴羣哀悼的聲音。

把仙鶴的翅骨鑿成樂器，這是一次勇敢的嘗試。一支樸素的骨笛由此誕生。它的孔排列上下不一，吹口也還沒有那麼講究。但先人們用神奇的靈感創造了一種樸素的樂器，並延續發展，不斷豐富，直到今天。

中央民族樂團笛簫演奏家丁曉逵演示了不同時代的笛子發出的不同的聲音，這些笛聲，有的來自現代，有的來自1000年前，還有一個聲音來自9000年前。丁曉逵說：「這是骨笛，有9000年的歷史，是最遠古的聲音。」

丁曉逵一直珍藏着一支仿製的骨笛，它的範本，就是7800到9000年前的史前聚落遺址河南賈湖遺址出土的骨笛。1986到1987年，在河南賈湖遺址出土了20多支這樣的骨笛，這也是中國目前出土的最早的樂器。

早期的骨笛可能只是為了模仿鳥叫，以吸引獵物；慢慢地，狩獵之後的歡慶讓這些骨笛變成了樂器；再後來，人類的審美不斷升級，人們開始需要越來越複雜的樂音。

在這些賈湖骨笛中，從最早的五孔，到後期的七孔甚至八孔，正反映着這種文明的進化。很多人認為傳統的中國音樂是五聲音階，七聲音階是外來傳入的，而七孔的賈湖骨笛已經可以發出近似今天的七聲音階，這也讓很多研究者改變了對中國古音樂的看法。

狩獵岩畫　內蒙古阿拉善曼德拉山

　　而要在仙鶴翅骨這樣不規則的管子上找到吹孔的完美位置，狩獵為生的原始人必須一點點嘗試、修正。直到今天，頂級的笛簫調音師都在用這種傳統的方法。

賈湖骨笛　河南博物院　新石器時代

　　9000 年斗轉星移，生活逐漸轉化為藝術。骨笛也慢慢演變成竹質笛簫的大家族。今天，在丁曉逵以及更多的中國音樂家這裏，這些來自幾千年前的樂器，也具有非常現代的表達。只是賈湖骨笛的影子也許一直在背景處低吟着歷史的迴聲。

　　穿行在骨笛孔洞之間的是 9000 年前人類的呼吸，那是文明的先聲——那時風動，此時心動。

鶴

丹頂鶴以修長的頸部、潔白的羽毛、優雅的體態著稱，牠頭上的一抹紅色，更增加了中國人對牠的喜愛。丹頂鶴舉止飄逸，步履輕盈，展翅飛行時直衝雲霄，在中國神話中被認為是仙人所飼養和騎乘的神鳥，故稱為「仙鶴」。清代粉彩福祿壽三星瓷板畫中，用仙鶴、神鹿等神獸和彩色的祥雲構成神人居住的仙境。

清代　粉彩福祿壽三星瓷板畫

一日，宋徽宗看到一羣仙鶴飛舞在天空中，彩色的雲朵飄浮在皇宮的周圍，這一吉祥的徵兆，預示着國運興盛。宋代這位愛好藝術的皇帝將他看到的這一景象描繪下來，這幅畫就是著名的《瑞鶴圖》。

宋徽宗《瑞鶴圖》

鶴棲息在水邊，牠的生活環境中並沒有竹子。但中國文人和僧人將竹和鶴這兩種他們喜愛的事物描繪在一起，形成自己心目中完美的私家園林。在自家庭院中會客漫步，竹子的清秀文雅，鶴鳴的清亮，為文人和僧侶構成舒適愜意的居住環境。

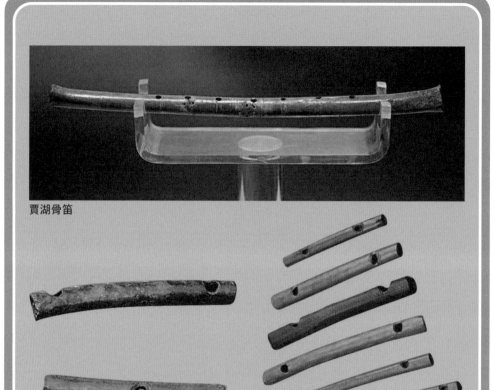

賈湖骨笛

河姆渡骨哨　　　　　　　　河姆渡骨哨

笛

　　笛是中國最早產生的樂器之一。「笛」字的竹字頭，表明製作它的材質多是竹子。或許是因為竹子不易保存，考古發現最早的笛子是骨管製作的。

　　浙江省河姆渡遺址發現的這些骨哨，可能是骨笛的前身。骨哨選用 6 - 10 厘米長的禽類骨管製成，一側刻孔，有的骨管內還插一根可以移動的肢骨，用以調節聲調的變化。新石器時代的獵人利用骨哨模擬鹿的鳴叫，吸引異性的鹿，伺機誘殺。

河南省賈湖遺址一共發現了 20 多支骨笛。相比於河姆渡遺址的骨哨，無論從選材、製作工藝還是可以演奏出的音階數量，賈湖骨笛都已經很成熟。賈湖骨笛的骨管兩端都經過切割磨製，孔徑基本相同，加工精美。早期的五孔笛只能吹奏四聲和五聲音階，晚期的骨笛能奏出完整的七聲音階，有的骨笛旁還有調音用的小孔和等分符號，能吹奏出一些變化音。

其後中國音樂和舞蹈作為儀式祭祀的重要組成部分，形成「禮樂制度」。笛子與其他中國傳統樂器合奏，配合優美又合乎規矩的舞蹈，代表天地自然的秩序，也讓君主通過樂舞傳達治國安邦的理念。

敦煌莫高窟第 112 窟壁畫

敦煌莫高窟第 112 窟的壁畫中，向我們展示了六位樂師演奏橫笛、琵琶等樂器的畫面，中間的舞者反彈琵琶，邊彈邊舞。他們用優美的音樂和高超的舞技供養佛祖。

唐三彩駱駝載樂俑

《韓熙載夜宴圖》局部

　　唐代三彩駱駝載樂俑展現的，是在一匹高大的白色駱駝背上，左右兩側各坐兩個正在演奏胡樂的胡人樂師，中央一位胡人揮臂舞袖，合樂起舞的場景。1000 多年過去了，穿着綠袍的樂師手中的樂器已經不在，但從他雙手橫握按孔的姿勢推斷，他拿的是一支笛子。

　　《韓熙載夜宴圖》這幅著名的畫作描繪了五代時期的官員韓熙載在家裏舉辦的宴會。在宴會的後期，主人韓熙載寬衣解帶，盤腿坐在椅子上乘涼，欣賞家中的五位女樂師吹奏的曲子。她們都是在吹奏竹製樂器，其中兩位演奏橫笛，三位演奏篳篥（音同「畢栗」）。

陶鷹鼎

陶醉了六千年

陶鷹鼎

館藏：中國國家博物館
出土：陝西省華縣太平莊
年代：新石器時代仰韶文化

陶，出於土，而煉就於生活。它需要摔，需要捏，需要燒……製陶如塑人，在經過這些磨難之後，陶土便成了器，完成涅槃，變成神態各異的樣子。而它，陶鷹鼎，則是中國遠古陶器中最特別的一個。

它是 6000 年前新石器時代仰韶文化的陶塑。仰韶文化以彩陶為最重要的特色，器物多是生活用品，陶鷹鼎是唯一一件以鳥類為造型的。

它當初是做甚麼用的？是盛水？儲糧？還是祭祀？又為甚麼要把它做成鳥的樣子？正因為它的唯一性，缺乏參考，所以這些問題還在吸引着研究者去探究。但可以肯定的是，陶鷹鼎顯示着 6000 年前中國人的生活器具中，實用性與造型性已經可以達到非常美妙的融合。

陶藝師可可說：「這件陶鷹鼎具有王者之氣。雖然看起來非常可愛，但是它的那種氣勢，那種霸氣還是很明顯。」

可可偏愛古代器具中的動物造型。她要仿做的下一個作品，就是陶鷹鼎。

6000 年過去，陶鷹鼎的製作地點、方式、方法、製作週期、燒製細節，都已經無據可考了。現代的製陶者，也只能靠着圖片和想像，用自己擅長的方式去賦予它新的生命。

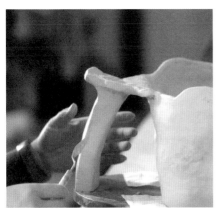

可可說:「我開始做的時候,會先做身體這一部分,等它稍微乾燥一些以後把它翻過來,然後再繼續做它的腿部,包括它的支撐,最後再把鷹的頭部做上去。」

這是一隻有着胖胖腿的鷹,尾巴和兩隻前爪巧妙地構成了鼎的三足。鷹的胸部和身體佔鼎身的主要部分,內容即胸懷。陶鷹鼎的造型,帶着上古的氣息,也帶着中原質樸的民風。但更神奇的是,它除了上古的王者之氣,又同時顯示出另一種很現代的氣質,用當下的話說,就是——「萌萌噠」。在這個層面,陶鷹鼎又可謂古典與現代的美妙融合。6000 年前的造型藝術精湛至此,令人不禁讚歎。

捧着陶鷹鼎,就捧起一抔 6000 年的泥土,也捧起一抔中華文明起源的泉水。

陶,是時間的藝術。泥土太乾則裂,太濕則塌。為了成就一件完美的陶器,匠人們需要等:等土乾,等火旺,

等陶涼。今天的我們，總感歎生活太快、時間不夠用時，6000 年前的古人就已經教給我們如何與時間融合，如何不與時間較勁。

假如陶鷹鼎會說話，它也許會告訴我們 6000 年前它在熔爐內外的日日夜夜吧。今天，它就珍藏在中國國家博物館，展示着天工造化，展示着巧技神思，也展示着屬於它自己的「肌肉萌」。

彩陶文化

安特生發現仰韶文化遺址後，並沒有停下腳步。他發現中國出土的彩陶與西亞和中亞彩陶有相似之處，尤其是與兩河文明附近的安諾遺址（Anau，土庫曼斯坦境內）彩陶非常接近，於是萌生了「中國文明西來說」。

安諾文化彩陶

自此以後，幾代中國考古學家經過大量考古發掘，確立了中國境內新石器時代的文化譜系，從手工藝技術（包括彩陶紋飾）、村落遺址、墓葬形式等方面，證明了仰韶文化是由中國本土的大地灣文化、磁山文化等發展而來。

除了仰韶遺址，中國境內還發現了越來越多的新石器時代彩陶文化遺址，它們大多分佈在黃河流域的中下游，覆蓋了今陝西、山西、河南等地，黃河上游甘肅地區也有分佈。先人們用赤鐵礦粉作為顏料，使用類似毛筆的工具，在未燒製的陶器表面繪製各種圖案，在 1000℃左右的高温下，橙紅色的器物上呈現出黑色或紅色的圖案。

馬家窯文化神人紋彩陶罐　　　　　　**馬家窯文化幾何紋彩陶罐**

在雙耳陶罐上，用黑彩和紅彩描繪了有人首青蛙身體的神人紋飾。有時會將人首抽象為有網紋的圓圈紋，或者乾脆省去，只剩下變形蛙紋一般的身體。古人觀察到青蛙每次都會產下許多卵，孵化出許多蝌蚪，出於對這種生殖能力的崇拜，人們將青蛙和人首結合繪在陶罐上。

水紋小口尖底瓶

小口尖底瓶是用來盛水的容器。器身上以黑色的波浪線表現水的流動，黑色曲線匯集到一起，和中間的圓點構成漩渦紋。古人將柔和的弧線和醒目的圓點相結合，利用弧線的起伏旋轉表現水流奔騰向前。馬家窯文化的彩陶中有很多描繪水的紋飾，而這些紋飾裝飾在盛水的容器上也表明了它的用途。

鳥形罐

鳥形罐的口部偏在一側，如鳥的頭部般上翹。兩個繫如同鳥的翅膀。與罐口相對的一側，有貼塑上的鳥尾。整個陶罐是鳥胖胖的身子。鳥形罐上的主題紋飾為漩渦紋，漩渦中間的圓形內分割成一個個小方格，像河流圍繞着的整齊的農田。

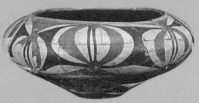

白色陶衣彩陶缽

有的器物在彩繪前，先在橘紅色的器身上塗一層白色的陶衣，再繪製紅色和黑色圖案，使彩繪紋飾對比更加強烈。

泥條盤築法

　　陶器的產生是新石器時代最重要的一項發明。人們發現這種有黏性的土經過火燒後會變得堅硬，可以用來儲藏糧食；加熱後的器皿吸水性也會降低，可用來存水和烹飪食物。陶器變成了生活必需的日用品。

　　新石器時代的人們都會做陶器，他們先將陶土中的雜質石塊挑選出來，使得陶土更加乾淨。作為炊具的陶土中要按一定比例增加石英石粉末，混合後加水反覆揉搓、摔打，以增加陶土的韌性，使其不至於在燒煮食物的時候裂開。揉煉好的泥坯就可以用來製作陶器了。

　　小型的陶器可以由泥坯直接捏塑而成，而較大的器型就要採取其他的方法。泥條盤築法是古人們最早掌握的陶器成型的方法。將泥坯揉成細長的泥條，從器物的底部開始，將泥條從下而上盤旋築成器物的雛形。拍打銜接處加固上下兩根泥條，再用手或工具抹平器壁，使器物美觀堅固。結構複雜的器物，先盤築主體後，再接合其他細節。泥條盤築法可以製作很大而且複雜的器物，但是器壁比較厚，形狀也不太規整。

龍山蛋殼黑陶杯

0.2 毫米的精緻

龍山蛋殼黑陶杯

館藏：山東省文物考古研究院
出土：山東省濟南市歷城區龍山鎮
年代：新石器時代龍山文化

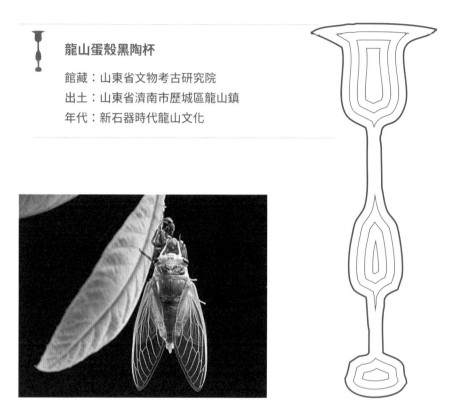

大家對「薄」有怎樣的理解？薄如蟬翼？薄如錢脣？1厘米？1毫米？甚至是 0.2 毫米？

距今 4000 多年前，中國黃河中下游，龍山文化時期，最質樸的材質邂逅了最巔峰的工藝。出土的數量極少的薄壁黑色陶杯，留下了那個時代的千古絕唱。

地球早期的文明最先被陶器所散發的質樸光澤照耀。龍山時代的黑色陶杯在多姿各異的彩陶世界中如此與眾不同。

蛋殼杯為薄胎成型，是世界上最早使用快輪技術的典範。「4000 年前地球文明最精緻之作」，這是世界考古學界對龍山文化時代黑陶杯的讚譽。

山東省博物館正在進行文物信息採集。博物館的工作人員說：「這件蛋殼黑陶杯器壁非常薄，口沿這個地方大約只有 0.2 到 0.5 毫米，裏面還有陶丸，我都不敢使勁動它。這是古人的一個傑作，器型特別高挑，是蛋殼陶中最漂亮的。」

出土的蛋殼黑陶杯造型各不相同，它們非來自批量生產。工藝的背後件件都飽含着信仰與尊崇。極致的工藝，使黑陶杯獨步天下。以現在的技術還原原始的工藝，要達到如此極致的薄度，依然難以企及。

記者詢問：「哪裏能顯示出輪製的痕跡？」博物館工作人員回答說：「從杯口底座這個部位可以清晰地看到快輪製作的痕跡，口沿這些地方也能看到。」

如此薄壁的陶胎在快速旋轉中非常容易破碎，做這類小型器皿，對快輪輪盤設備的精密性與旋轉時的穩定性要求非常嚴格。由於至今沒有發現窯址，四千多年前這些動力設備究竟是怎樣工作的，我們只能止步於想像。

蛋殼陶取材於遠古時期河湖中沉積的細泥，經反覆淘洗，不含任何雜質，最質樸的材質所能達到的極致，保障着器物的拉坯塑形與成形之後的細密堅硬。

窯爐的溫度與燒製時間的把握，決定着陶器最終的命運。史前時代的「黑科技」或許是這樣的：獨特的「封窯滲碳」技術，將碳分子在高溫狀態下滲透到胎體的微孔裏，經過硏光的胎體表面呈現黑色。這種神祕的黑色金屬光澤帶着直觀的視覺衝擊和震撼，讓人不由自主地生發無限敬畏，產生不可輕舉妄動的虔誠心意。

可以想見，當時這種高端器物的生產或許被特定階層壟斷。耗費如此的人力物力去達到一種極致，究竟是出於甚麼樣的目的呢？

也許，作為禮器才能合理地解釋蛋殼陶的存在。用規範化的系統與工藝極致的器物來表現祭祀中虛幻的「禮」，這是權力與等級的訴求。

龍山文化時代，黃河下游的山東沿海地區，陶器的製作從隨性到嚴格的工藝程序，預示着人類社會新的秩序慢慢形成。

如果蛋殼黑陶杯是禮器，那陶土在硬度上的遺憾，只能等待未來的青銅去彌補。

城子崖遺址發掘現場

龍山文化

　　20 世紀 20 年代，自安特生發現了仰韶文化之後，中國的學者也開始關注考古發掘。1928 年，中國考古學家吳金鼎在山東省龍山鎮發現了一種很薄又帶有黑色光澤的陶片，它們與石器、骨器共存，這是一種新的新石器時代文化。 1930 年，李濟、梁思永等人正式發掘城子崖遺址，確立了龍山文化，因出土精美的蛋殼黑陶，當時它被稱為「黑陶文化」。

李濟在考古現場

　　龍山文化時期，人們的手工技藝非常精巧，除了令人驚歎的蛋殼陶外，玉器製作工藝、綠松石鑲嵌技術也十分高超。下方這件玉簪由兩部分組成，上半部分為白色玉石透雕而成，並鑲嵌有四顆圓形綠松石；它的柄部為墨綠色玉質，頂部有凹槽，用來連接簪首，柄身有多條竹節紋。這件精美的玉簪同多件蛋殼陶杯、綠松石耳飾、玉配飾、骨器等眾多陪葬品一同出土於一座大墓，可以想像這座墓主人擁有眾多財富和強大權力。對比其他簡陋的墓葬，可以看出當時的社會階級已經有很大差別。龍山文化已發現大型的城址，大量種植的水稻，人們開始嘗試銅的冶煉，甚至出現了刻在陶器上的文字符號。龍山文化已經點亮了文明的曙光。

城子崖遺址出土陶鼎　　　　　　　　　　龍山文化玉簪

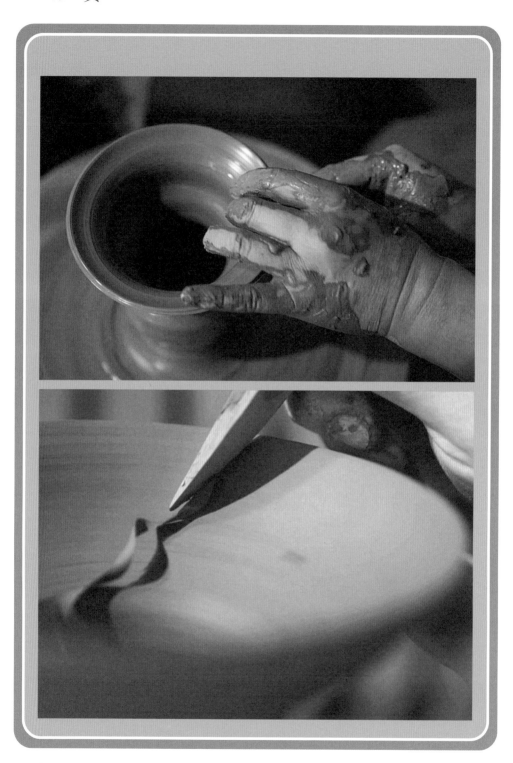

輪製陶器

　　相比仰韶時期，龍山時代製陶業有了重大的進步，主要表現在廣泛使用快輪拉坯。陶輪是一個圓盤形的工作台，固定在一個豎立的軸上，用手搖或腳踏使其旋轉。將泥坯放置在陶輪上，利用陶輪的旋轉，用雙手將泥坯拉製成型。相比於泥條盤築法，輪製的陶器器型規整，器壁更薄。仰韶時代已產生陶輪，主要用作修正器型或繪彩，稱之為慢輪。而龍山時期的陶輪速度要快很多。

　　龍山文化的蛋殼黑陶原料選擇非常嚴格，選用的黏土經過多次淘洗，反覆揉煉，花費的時間至少是普通陶器的三倍以上，才能使陶坯有很好的可塑性。高柄蛋殼陶杯器型高大，一般分成三段拉坯，稍乾後再用泥漿黏接。使用快輪拉坯後器壁還是較厚，要在陶輪上用刮刀反覆旋薄。有些陶杯的腹部還要作鏤空處理，這時工匠要非常小心，很容易碰碎陶器導致前功盡棄。在鏤空後的腹部放置一顆陶丸後，再連接長長的頸部和陶杯口部，這件蛋殼陶杯的陶坯才算完成。

　　接下來的燒製過程也是一個考驗，由於坯體太薄太輕，不能直接放在窯內。因為點火後窯內空氣對流，會使陶杯相互碰撞破碎。每一件陶杯都會放在夾砂陶做的匣缽內，以保證陶杯的安全。為了使陶杯顏色黑亮，要選用蘆葦等特殊燃料，燒成後，還要趁熱打磨陶杯，才能使陶杯表面有漂亮的光澤。

　　一件蛋殼陶杯的製作如此繁瑣複雜，成功率又如此之低，這更顯現出蛋殼陶擁有者至高無上的權力和地位。

紅山玉龍

尋龍玦

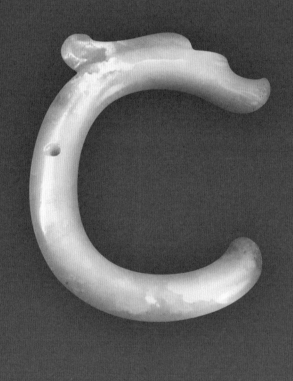

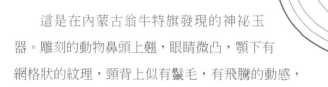

C 紅山玉龍

館藏：翁牛特旗博物館
出土：內蒙古自治區翁牛特旗三星他拉村
年代：新石器時代紅山文化

　　這是在內蒙古翁牛特旗發現的神祕玉器。雕刻的動物鼻頭上翹，眼睛微凸，頸下有網格狀的紋理，頸背上似有鬃毛，有飛騰的動感，造型簡素，玉質溫潤光潔。5000 年前的風早已止息，而它還保留着在風中飛翔的姿態。

　　之前在同屬翁牛特旗的三星他拉村也發現過一件相似的青玉器。那件玉器被認為與中國傳說中的龍有許多契合之處，因而獲得了「中華第一龍」的稱譽。

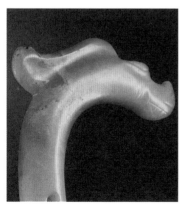
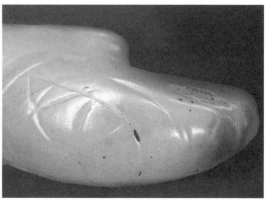

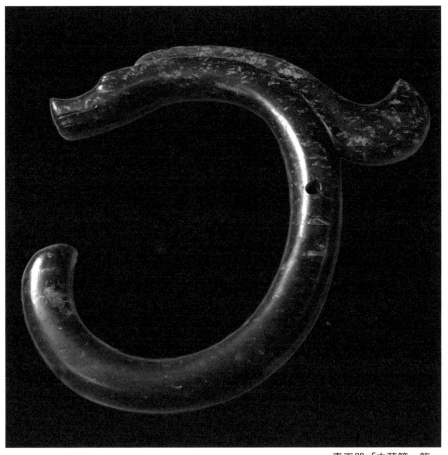

青玉器「中華第一龍」

　　兩件玉龍都出現在內蒙古的赤峰附近，這裏是遼河流域一個古聚落遺址，5000 年前的人類創造了紅山文化。那是自然和人類彼此直面的時代，生命和心靈以及全無雜念的想像，在雙手中表達和傳遞。

　　紅山文化出土了大量的玉器，古樸、稚拙、簡約、厚重。玉豬龍是其中最為常見的神祕形象，在紅山文化中已是一個成熟而重要的標誌。

黃玉鴞

玉勾雲形佩

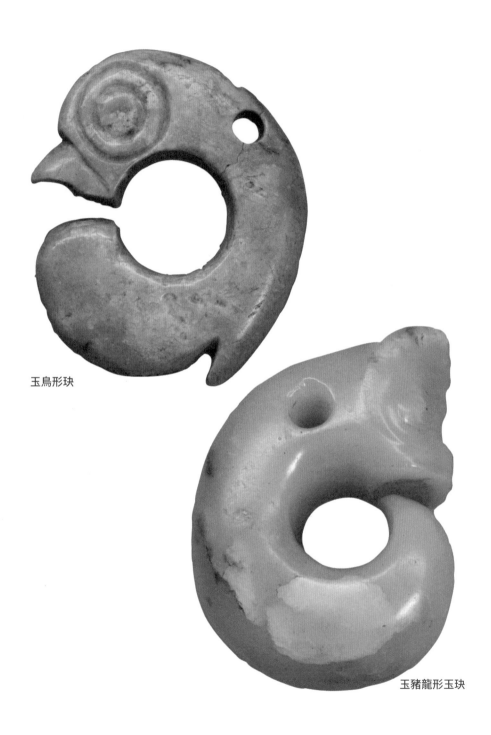

玉鳥形玦

玉豬龍形玉玦

興隆窪文化豬龍崇拜陶片擺放造型

仰韶文化龍虎貝殼陪葬造型

　　其實，比紅山更早的興隆窪文化遺址已發現有豬龍崇拜的陶片擺放造型，仰韶文化中也有龍虎貝殼陪葬坑。地理空間相距遙遙的文明，竟具有相同的感應和靈犀。龍被描繪為幾種動物複合而成的神獸，海闊天空中彷彿萬物同源。這樣的形態也與中華多民族大融合相呼應。

中國歷史中玉龍的變化

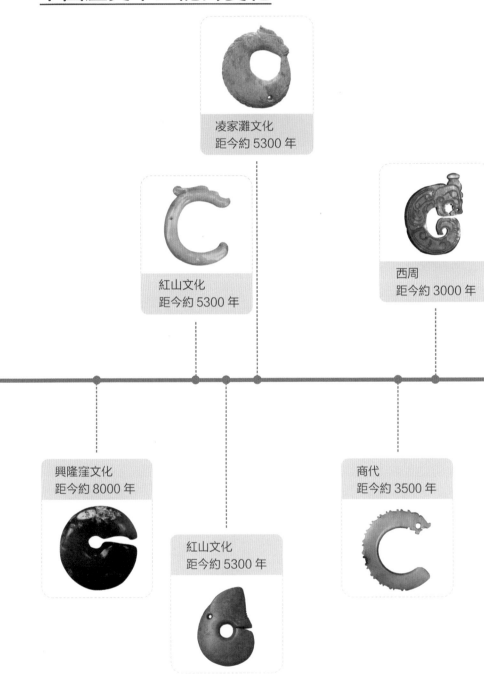

凌家灘文化
距今約 5300 年

紅山文化
距今約 5300 年

西周
距今約 3000 年

興隆窪文化
距今約 8000 年

紅山文化
距今約 5300 年

商代
距今約 3500 年

戰國
距今約 2600 年

元代初期
距今約 700 年

清代
距今約 200 年

唐代
距今約 1200 年

西漢
距今約 2100 年

宋代
距今約 900 年

明代初期
距今約 600 年

內蒙古敖漢旗小山遺址出土陶器展開圖

　　龍是中華民族的象徵，我們是龍的傳人。我們生活的方方面面組成了龍的鱗片，舞動出中華文明的姿態。龍，成為中國傳統文化中獨特的標誌性符號。

　　龍究竟是如何形成的呢？我們把玉龍在不同時代的形象演變串聯起來，試圖追尋它的足跡。從距今約200年的清代，回溯明、元、宋、唐以及西漢、戰國、西周、商代，歷經凌家灘文化、紅山文化，直到距今約8000年的興隆窪文化，玉龍形象的演變，體現了歷代審美風尚的繼承和延續。龍的形象回歸到蜷體的玦，這個彷彿嬰兒蜷曲在母體內的形象，成為幾乎最古老的器物雛形。這是個體生命被孕育的開始，也是文明被孕育的開始。

　　有時，我們會對着光源去看玉。就像5000年前的先民一樣，看它的清澈和透明，看它挺直的脊樑在空中躍起。這塊玉，成為我們身體延伸到空中的部分，在時光中飛翔、起舞。

牛河梁積石塚

紅山文化

　　紅山文化是分佈在中國東北地區的新石器時代文化，地域包括內蒙古東南部、遼寧西部等地。紅山文化的埋葬方式與中原地區有很大的不同，中原地區的墓葬是在地面上挖掘很深的洞穴，埋葬墓主人、陪葬器物等，之後地面用土填平，或堆起高高的封土堆。而紅山文化的墓葬是在地面上或淺坑內用石板砌成大型石棺，墓主人的隨葬品主要為大量珍貴的玉器。這些形狀各異的玉器成為紅山文化的典型特點。墓葬上不是用土來掩埋，而是用石塊覆蓋，並堆成長方形或圓形的石塚，稱之為「積石塚」。除了積石塚正中規模宏大的主墓外，旁邊還有一些成行排列的小型墓葬，隨葬品的玉器比主墓要少得多。

積石塚出土玉箍形器

　　在有些積石塚的邊緣石牆內，會埋葬一排帶有彩繪的紅陶筒形器，這種筒形器沒有器底，所以並沒有實用功能，而在陶器的表面又精心描繪紋飾。也許筒形器這種中空的造型可以溝通天地，成批地埋在石塚的周圍，可以幫助墓主人的靈魂升天或者有其他祭祀功能。

　　墓葬中的陪葬玉器也有這種無底的器型。玉箍形器在紅山文化中很常見，它上口傾斜，下底平直，在近底的地方有兩個對稱的穿孔，推測是用來穿繩綁在頭上或裝飾在其他地方。製作這種玉箍形器需要很大的一塊玉料，最重要的一道工序是將玉料中心掏空，這道工序既繁瑣，又浪費原料。而對於它的功能，我們卻一無所知。紅山文化的墓葬中出土大量玉器，它們造型獨特，除了箍形器外，大多都是在片狀玉器上雕刻圖案。其中有些能看出雕刻的形象，而其他一些還不能確切知道它們的原形和名稱，這些玉器被推測為一種祭祀用品。

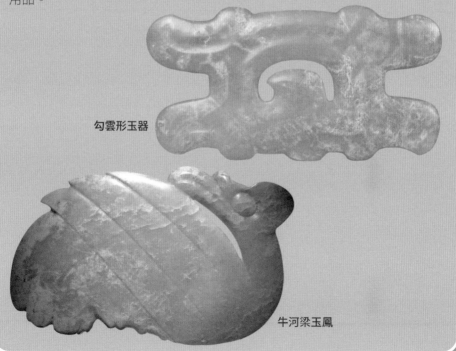

勾雲形玉器

牛河梁玉鳳

龍

　　原始部落對於本部落起源都有不同的傳說，大部分傳說都認為自己的祖先源自於某種動物或植物，於是人們就認定這些動物為自己的祖先或者保護神，產生崇拜之情，這就是圖騰的產生。《詩經・商頌・玄鳥》記載：「天命玄鳥，降而生商。」殷商的先祖被認為是一名女子吞下玄鳥的卵而降生的，玄鳥便成了商王朝的圖騰，被大量裝飾在青銅器、玉器等禮器之上。

　　華夏民族的始祖伏羲，傳說是由他的母親在野外踩了巨人的腳印後懷孕而生。伏羲作為部落的首領，能征善戰又富有創造力。在團結統一了華夏各民族後，伏羲受到了各個部落的愛戴，被認為是「三皇五帝」之首。許多重要的發明也被認為源於伏羲，比如伏羲根據天地萬物的變化，發明了八卦；伏羲教會了人們結繩作網、捕魚打獵的技能；伏羲發明的樂器，給人們帶來了音樂。伏羲選擇了華夏各個部落圖騰的一部分組合在一起，蟒蛇的身、鱷魚的頭、雄鹿的角、鯉魚的鱗、蒼鷹的爪，創造了中華民族的圖騰——龍。龍變成了華夏族共同的祖先。

　　從考古發掘來看，中國各地的新石器時代遺址都發現有龍的形象，這些遺址地域相隔甚遠，時間也相差百年之久，這也許印證了伏羲創造龍圖騰的傳說。早期龍的形象並沒有固定，有的沒有角，有的沒有爪，但都保留着長長的身體和大張着嘴的頭，這成為龍的基本形態。山西襄汾陶寺遺址屬於新石器時代末期的遺址，出土有彩繪龍紋陶盆，陶盤中間盤踞有一條紅色的龍。龍為蛇身帶有鱗片，長滿牙齒的大口微張，突出長長的舌頭。這些龍紋陶盆只出土於少數幾座大墓中，且每座墓只有一件，表明它不是一般平民可以擁有的，是很高規格的陪葬品。

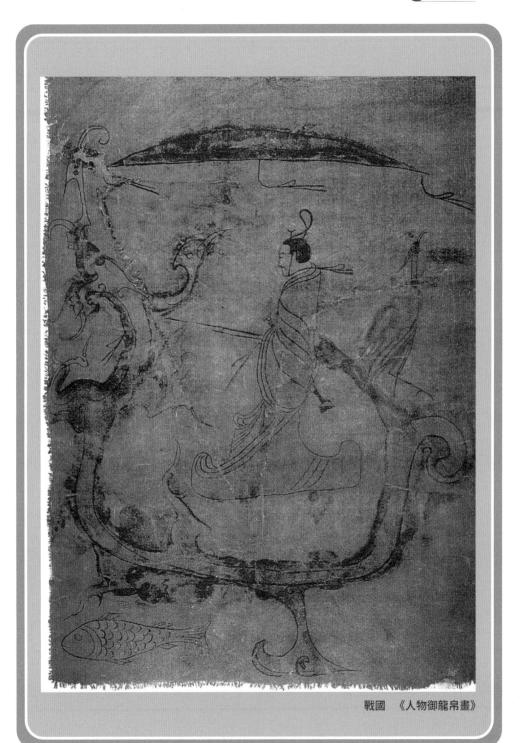

戰國 《人物御龍帛畫》

襄汾陶寺龍盤

　　夏商以後，龍從原始部落的圖騰演變為神。神龍可以居住在海裏，也可以騰雲駕霧升入空中。在湖南長沙戰國時期的墓葬中，出土了一張《人物御龍帛畫》，畫面正中是一位着長袍的男子，腰上懸掛着寶劍，手執韁繩，駕馭着一條巨龍。龍首高昂，尾巴捲曲，尾上停着一隻長腿的鳥，龍腹下還有一條魚。男子的頭上有為他遮風擋雨的華蓋，華蓋下三條飄帶、男子身上的衣着都隨風向後飄蕩，在靜態的畫面中展現出龍飛騰的速度感。畫中的人物即是墓主人，他的肉體死後靈魂並沒有消失，可以飛翔的龍載着他的靈魂升上了天。

　　秦漢以後，帝王將龍確定為自己的化身，龍從此成為皇室的專利，其他人不得隨意使用。皇帝的所有一切事物都與龍有關，他自稱為「真龍天子」，所居住的地方為「龍庭」，寶座稱之為「龍椅」，穿着的是「龍袍」，從此龍的地位更加顯赫。而此時龍的形象也基本固定。《易經》中乾卦第五爻的爻辭為：「九五，飛龍在天，利見大人。」這是指此時龍已經飛在天上，萬物都來敬仰這位君主大人，是吉祥之兆。因此我們看到的龍紋多數都是在天上的飛龍，它騰雲駕霧，俯視着代表「江山社稷」的海水江崖。

故宮丹陛石上的飛龍與海水江崖

清代　龍袍

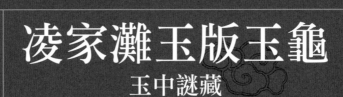

凌家灘玉版玉龜

玉中謎藏

凌家灘玉版玉龜

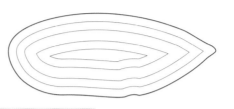

館藏：故宮博物院
出土：安徽省含山縣凌家灘遺址
年代：新石器時代凌家灘文化

有人說它和星象學有關，有人說這是數字起源的數字卦，也有人說它和曆法相關，還有人說這是傳說中的洛書。種種猜測都指向人類史前文明最尖端的科技與文化。鮮為人知的安徽凌家灘遺址，深藏着令人驚奇的發現。

出土時，這片精美的玉版夾在玉龜殼中間，應為一套組合。玉龜分背甲和腹甲兩部分，上面鑽有數個左右對應的圓孔。玉版中部琢有小圓圈，並以直線箭頭，準確分割為八等份，大圓外又有四個箭頭，指向玉版的四角。

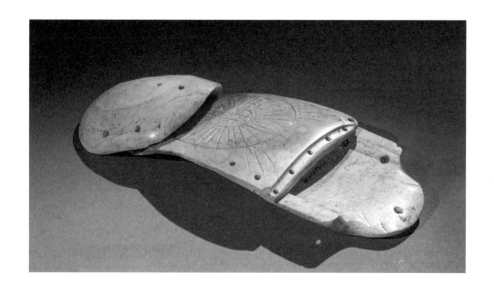

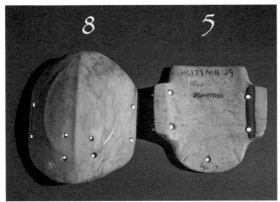
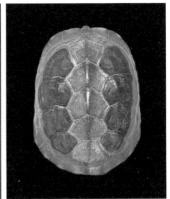

鑽孔龜背數八，龜腹數五　　　　　　　真實烏龜背甲

凌家灘文化玉人

　　玉龜和玉版表面上給我們呈現出來的似乎就是最簡單的數字和方位，而真正深入了解它時，才知道這是一個複雜的數字及宇宙系統之謎。兩片玉龜甲上均有鑽孔，龜背數八，龜腹數五。如果上下疊加，中間是五，兩側各是四，與真實烏龜背甲數是一致的。玉版上八個方向表示方位，左右各五個鑽孔。

　　凌家灘還出土了六個小玉人，分別出土於兩座墓中。所有玉人都伸開五指，放在胸前，似乎也在表達着甚麼。

　　人生雙手，每隻手都具五數，所以中國文化包括五行學說在內，很多採用五進制。通過對十以內的數字有機地重新排列組合，會產生有趣的數字現象。變化方法就是把一二三四五放於上左，把六七八九十放於下右，這就是洛書。洛就是「脈絡」，是世界有序運轉的規律。這是一個極度平衡的狀態，裏面所有的數字直線與斜線相加之和都是相同的。玉版上面鑽有九孔，下面四孔也合於此數。所以，有人認為它是洛書的源頭，還有人認為玉版開創了中國的數字卦，也就是抽象數字的基礎。

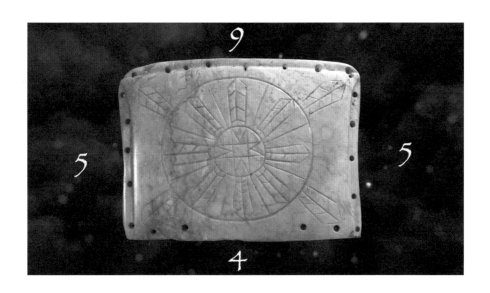

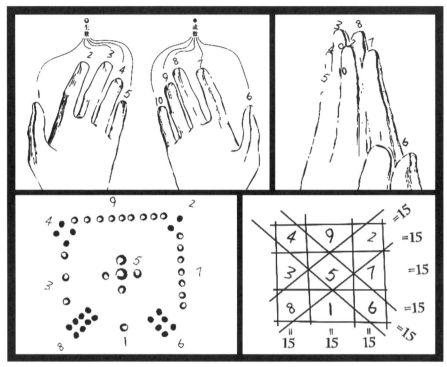

洛書

　　玉版中心的八角星符號也是個古老而有趣的謎團。直到現在，我國還有多個民族有這樣的符號，這種符號甚至遍佈於全世界的多種文化之中。這些圖形符號就如同暗藏的自然規律的密碼，卻逐漸被我們忽略遺忘。

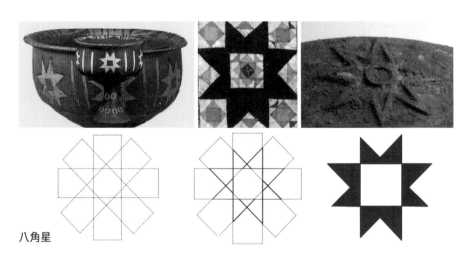

八角星

凌家灘出土玉器

玉鷹

　　八角星紋還出現在凌家灘玉鷹上。當然，凌家灘的神奇還不止於此，它還為我們打開了一個玉的世界，璧、璜、鉞、鏟、環、鐲、玦、管珠等，已具備成套玉禮器規模。

　　凌家灘所涵蓋的文化符號範圍之廣、淵源之深，世所罕見。這是人類文化的一個高峰，卻也是一個被低估了的史前文明。凌家灘遺址勘測出的總面積約 160 萬平方米，歷經前後五次發掘，發掘出的面積也僅佔遺址總面積的八百分之一。也許不久的將來，我們還有可能被新的發現再次震驚。

凌家灘玉器類型

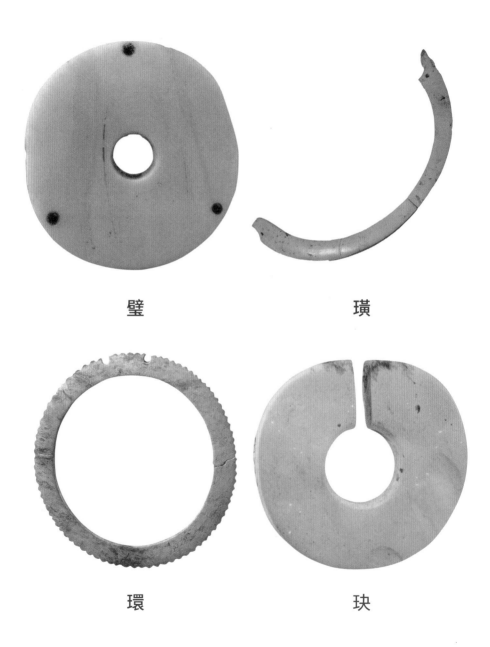

璧　　　　　　璜

環　　　　　　玦

鉞

錛

玉冠飾

玉龍

大汶口墓葬出土龜甲形器

舞陽賈湖龜甲器

龜靈信仰

在人們的認知裏，龜的壽命實在是太長了。《莊子・逍遙遊》就寫道：「楚之南有冥靈者，以五百歲為春，五百歲為秋。」這裏的「冥靈」多數學者都認為是指神龜，《逍遙遊》中的神龜五百年如同才過了一個季節一般，可見其壽命之長。龜活千歲，盡知世間之事，所以神龜也被賦予通靈的能力。

龜的背甲是向上隆起的圓形，如同天，牠的腹甲是平坦的方形，如同地，而烏龜的腳象徵着支撐天的四根柱子，一隻龜象徵着縮小的天地。凌家灘這件玉龜甲造型嚴格模仿真龜甲，腹甲一邊外突，一邊平齊。對比自然界的龜甲造型，凌家灘玉龜的腹甲尾部缺少了一部分，而這並不是因為製作者的疏忽。

龜靈信仰在中國東部、北部地區有廣泛而悠久的傳統，其源頭可能來自於淮河流域。7800 至 9000 年前的舞陽賈湖遺址，不僅出土有骨笛，還出土有龜甲器，它用成套的背甲、腹甲扣合而成，其內放置有小石子，晃動時可以發出有節奏的聲響。起初，學術界認為這是一種發出聲響的樂器。現在，越來越多的資料表明，它可能是巫師舉行法事時所持的法器，或是占卜用具。

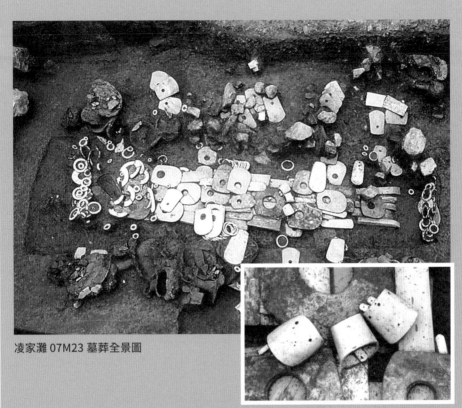

凌家灘 07M23 墓葬全景圖

凌家灘 07M23 墓葬中的玉龜玉籤

　　1000 年以後，這種龜甲器在中國東部地區更為流行。山東南部、江蘇北部的大汶口墓葬中，發現了大量龜甲器。它們保留了淮河流域這類物件背甲、腹甲成套，其內放置小石子的傳統，新出現了龜甲鑽孔、腹甲修整、在龜甲上塗硃砂等樣式。其內除放置石子外，也出現了骨針或骨錐。龜甲鑽孔也頗有規律，一般是在龜背甲頭部一端鑽 4 － 6 個對稱排列的孔，在腹甲頭部一端鑽一孔，將腹甲的尾端切去一截。這些特徵與凌家灘出土的玉龜極為相似。凌家灘玉龜形器從鑽孔、修整龜甲、出土位置、功能等方面均與大汶口文化龜甲器有共性。因此可以說時代更晚的凌家灘文化中用玉器仿製了早期大汶口文化中的龜甲器。

紅山文化玉龜

2007年，在對淩家灘遺址進行第五次發掘時，發現了一座陪葬眾多玉器的大墓。在墓主腰部正中放置一件玉龜和兩件扁圓筒器，玉龜背甲、腹甲處鑽有圓孔，其餘兩件在圓面的平口面上對鑽三個小圓孔。三件器物的腹腔內各放置1－2件玉簽，玉簽呈圭形並飾一對鑽圓孔。三件器物中，玉龜還採用背甲腹甲分體式，而旁邊的兩件器物已將背甲、腹甲變為一體，龜的特徵已消失。從這一組占卜器物可以看出，淩家灘文化的玉龜造型有從具象變為抽象的演變過程，但其核心特徵並沒有改變。

在東北地區的紅山文化，也出現了龜靈信仰。紅山文化中，除一件玉龜殼外，其他都是寫實性造型，頭和四足伸出殼外，但身體比較扁，有的學者認為是玉鱉。紅山文化中的玉龜不見穿孔，也不能和石子、骨針、玉版、玉簽等物組合使用，不具備搖卦占卜的能力，更多地體現出薩滿巫術中協助巫覡溝通天地鬼神的特徵。

到了夏商時期，這種廣泛存在於南方和東方的龜靈信仰被接受和傳承下來。商王朝多次遷都，也許就是在遷徙過程中，不斷吸收和借鑑周邊民族的占卜技術和龜靈信仰。商代晚期定都殷城，這裏保留了數量眾多的占卜龜甲，

漢代　玄武畫像磚

這些神龜應該是各地獻給商王朝的貢品，龜甲也逐漸取代了商代早期使用的牛羊肩胛骨、鹿骨等，成為最為主要的占卜用具。

傳說中龍為鱗蟲之長，鳳為百鳥之王，虎為百獸之長，龜為介蟲（水族和帶甲殼的動物）之王。商代時，人們將這四種神獸與四方、四色、天空中的二十八星宿融為一體，創造了「四靈」系統，漢代民間頗為流行，包括「青龍、白虎、朱雀、玄武」。其中的玄武是由龜和蛇組成的靈獸。「玄」為黑色，五行屬水，代表方位為北方。神獸身有鱗甲，故稱為「武」。玄武也具備了神龜長壽和通靈的特徵，成為長生不老的象徵。到宋代，玄武被皇室所推崇，逐漸人格化，還被道教尊奉為「玄武大帝」或「玄天上帝」。宋代第一位皇帝趙匡胤登基以後，將自己的父親、祖父、曾祖、高祖都追封為皇帝，又將生活在秦代的趙玄朗認作自己的先祖，追封為宋聖祖。而趙玄朗就是民間信仰中的財神趙公明。為了避諱聖祖名諱，「玄武」改稱為「真武」，「玄武大帝」也改稱「真武大帝」。道教中的真武大帝披散着頭髮，身穿金鎖甲冑，腳下踩着五色靈龜，按劍而立，身邊侍立着龜蛇二將。這些特徵都能看出是從玄武的形象演變而來。

清代　鬥彩龍馬負書圖盤

河圖洛書

　　中國上古有「河圖洛書」的傳說：遠古時，黃河中浮現一匹長有龍鱗的神馬，它凌波踏水，如履平地，背負河圖，獻給伏羲，伏羲依此而演化成周易八卦。洛河中有一隻神龜，背馱洛書，獻於大禹，大禹依此治水成功，遂將天下劃為九州。《易・繫辭上》記載：「河出圖，洛出書，聖人則之。」在最初的記載中，河圖洛書並不是一本成型的圖書，而是指龍馬和神龜身上的毛色和花紋。傳說中伏羲發現龍馬背上有不同顏色毛髮形成的圓點，很有規律。伏羲將這些圓點的數量和位置記錄下來，認為這是上蒼對他的點化和

傳說中的「河圖洛書」

暗示。而洛書則是指洛水中神龜龜甲上的花紋，它同樣給了大禹啟示。到了清代，人們則認為龍馬和神龜所馱的，是真正的圖書。

先秦兩漢文獻中只記載了「河圖洛書」的故事，但是它具體是甚麼樣子，文獻中都沒有明言。目前我們看到的圖式，是宋代初年的道家學者陳摶流傳下來的。河圖洛書都是由排列成數陣的黑點和白點組成。黑點代表偶數，白點代表奇數。河圖為十個數字的排列組合，洛書則為九個。宋代時，人們還對採用「圖十書九」還是「圖九書十」有過爭論，最終確定為「圖十書九」，並一直延續至今。

有一個口訣來描述「河圖」的樣式：「一六共宗，為水居北；二七同道，為火居南；三八為朋，為木居東；四九為友，為金居西；五十同途，為土居中。」

「洛書」的口訣為：「戴九履一，左三右七，二四為肩，六八為足，以五居中。」將圖式比喻為一個人，用頭、足、四肢的位置來標註數字。洛書中，縱、橫、斜三條線上的三個數字，其和皆為 15，頗為神奇。

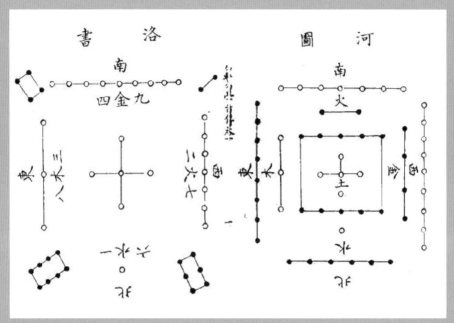

「河圖洛書」圖式

　　安徽阜陽西漢汝陰侯墓出土的「太乙九宮占盤」，方形的占盤中央是一塊圓形板，繪出圓心，從圓心射出八條直線，線頭分別寫有「一君、八、三相、四、九百姓、二、七將、六」等銘識。盤的邊緣還有幾段文字，寫有「立冬、冬至、立春、春分、立夏、夏至、立秋、秋分」這幾個節氣特點及占卜結果，是古代占星家視天象變化以預言吉凶的「占候盤」。而小圓盤中的數字圖式與洛書完全相符，說明宋書中的洛書絕非臆造。2014 年，「河圖洛書」的傳說正式入選「國家級非物質文化遺產名錄」，成為中華民族的共同記憶。

　　凌家灘的玉版上中間有雙圓，圓心是八角星紋，兩圓之間是八個向外的圭狀紋飾，大圓之外是四個圭狀紋飾。它的排列與汝陰侯墓出土的占盤非常類似，結合占盤，圭狀紋飾也許代表着四維八方，其四周的鑽孔可能正是洛書的雛形。這塊夾在玉龜中出土的玉版，是凌家灘人對天地自然的理解和崇拜，卻也和「洛水神龜負書」這看似荒誕不經的神話傳說印證起來。

太乙九宮占盤

太乙九宮占盤

良渚玉琮王

神之徽章

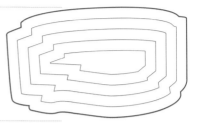

良渚玉琮王

館藏：浙江省博物館
出土：浙江省杭州市餘杭區反山 12 號墓
年代：新石器時代良渚文化

誰能讀懂這雙眼睛？它彷彿從人類古老而幽暗的意識深處穿越而來，無聲地訴說着先民的愛、恐懼與信仰。

距今 5000 年左右，中國太湖流域的良渚地區，一度創造出高度發達的文化，這個文化的人們，建設了古城、墓葬、祭壇、村落、軍事、水利設施、玉器作坊……

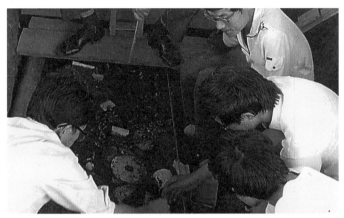

反山遺址發掘現場及室內整理

良渚文化玉器大量裝飾獸面紋

　　從 1936 年開始，持續 80 多年的考古發掘，其中最重大的發現，就是刻有這雙神祕眼睛的器物——玉琮。

　　這尊玉琮重 6.5 公斤，高 8.9 厘米，上射徑達 17.6 厘米，因其體積、重量及紋飾均為現存玉琮之最，因此被稱為「玉琮王」。

　　它是在 1986 年發掘反山大墓時被發現的，考古學家們當即斷定它上面刻畫的是一種類似饕餮的獸面紋飾，由於此前類似的紋飾已有大量出土，所以當時並沒有引起太多的關注。

神人獸面紋線圖

野外工作結束後，人們沖洗文物照片，卻有了意外的發現。

這雙眼睛的兩側，纖細得幾乎被人忽略的紋飾，原來是一雙手，人類的手。仔細再看，手掌連接着有些不合比例的胳膊，順勢而上，這手臂主人的面孔赫然浮現。

考古學家們此刻才意識到，這並非以往常見的**饕餮獸面紋**，而是極為罕見的造型完整的神人獸面像。

其中，神人的姿態尤其令人迷惑：雙臂上聳曲肘，五指張開，一副縮頭前傾的模樣。它是駕馭神獸的天神，還是神獸化身的人形？獸與人，究竟是不同的神，還是同一個神的不同面相？……

相似的圖像在良渚大墓出土的玉器中，陸續被發現。人們推測，這一圖像，莫非就是良渚文化的神徽？

玉，在中國文化中具有特殊的地位。甲骨文和金文顯示了中國自古就有「以玉事神」的傳統。良渚出土玉器的種類超過 40 種，而完整的神人獸面圖像目前僅僅出現在貴族大墓出土的幾件玉器上。這是否意味着墓的主人就是良渚古國的祭司？而雕刻有完整精美的神人獸面圖像的玉琮，是否就是良渚人與天神溝通的聖物？神人的頭上是一頂「介」字型的羽冠，佈滿放射狀的線條，這一符號也曾出現在 7000 年前的河姆渡文化遺物中，這是否意味着兩者之間存在着某種關聯？

良渚神徽的符號意象，在其他新石器時代的文化遺存中也曾出現過。中國這片廣袤的大地上，不同地域文化間，究竟發生過怎樣的互動與流轉？

這雙眼睛穿越 5000 年注視着我們，引領我們一步步走向歷史的深處。

神人獸面紋——權力與信仰

位於錢塘江流域和太湖流域的良渚文化，為我們展現了新石器時代的江南富庶生活。與同樣距今 5000 年的其他新石器時代文化相比，良渚人同時擁有高度發達的物質文明和精神文明。

無論是諾亞方舟還是大禹治水，在史前時期，世界各地的神話中都有關於大洪

良渚文化出土的炭化稻穀

水的傳說。同樣，在這河流縱橫、湖泊密佈的土地上生活的良渚人，很容易受到洪水的侵襲。通過近年來的考古調查和發掘，在良渚古城的西北部發現了大範圍的水利系統，目前已發現 11 條水壩。良渚人發明了用稻草包裹泥土的形式來堆築水壩，可以保護良渚古城免受洪水災害，也有儲水灌溉的作用。而這一水利工程即是在良渚文化中期為守護良渚古城而規劃建造的，它的建造年代比 4000 年前傳說中的大禹治水還要久遠。這是城市營造和規劃史的一個壯舉，不僅需要大量的人力物力，也需要高度集中的王權來統治和指揮。

2010-2012 年的發掘中，考古工作者在良渚古城宮殿區內發現了一個巨大糧倉，裏面的稻穀因為一場大火燒至炭化才得以保存至今。經過分析，這座糧倉共儲存約 1.3 萬公斤稻穀。良渚文化已經產生明確的社會分工，居住在城外的良渚人種植水稻，通過類似賦稅的制度，大量糧食被運到城內的倉庫儲存。發達的農業不僅供養着王室貴族，還使城內的一部分居民脫離農業

生產，專心製作手工藝品。良渚文化墓葬中出土眾多精美的玉石器、陶器、漆器，便是這種社會分工的結果。

「倉廩實而知禮節，衣食足而知榮辱。」良渚人不再擔心溫飽問題之後，在精神領域也形成統一，他們通過祭祀同一神靈達到精神領域的高度認同。良渚人的祭壇一般營造在山丘頂端，中間為紅色土堆成的規整土台，其外是灰色土填築的土框，最外是石頭圍成的枱面。這座祭壇由多色土構成，襯托了祭祀場所的神祕色彩，開創了後世多色土祭壇建築的先河。祭壇的角度是經過精心測量的，東南角指示的是冬至日的日出方向，西南角指示冬至日的日落方向，東北角指示夏至日的日出方向，西北角指示夏至日的日落方向。這種對太陽的崇拜體現了良渚人對自然的敬畏。在祭壇上還發現一些良渚文化的貴族大墓，這些墓葬中出土了大量精美的玉器，經過千年的時間，這些青綠色的玉器大多都鈣化，變成了現在的雞骨白色。良渚墓葬中玉器數量十分豐富，王這一級別的大墓通常出土四五百件陪葬品，其中絕大多數為各式

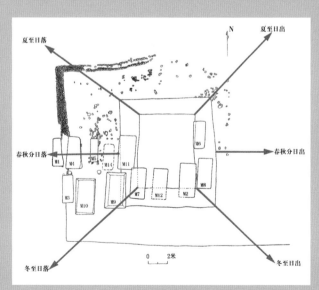

良渚文化祭壇

良渚文化出土的嵌玉漆器

玉器,而良渚文化中第二、第三等級的墓葬,隨葬品只有 30 餘件甚至更少,玉器僅有幾件玉管。權力體現在對稀缺資源的擁有和利用上。玉石這種自然饋贈的珍貴資源,被切割成型、雕刻神徽、琢磨成高等級的禮器,成為權力的象徵。

雞骨白色的玉器

琮是良渚文化中最具代表性的玉器,也是良渚文化「原創」的器型。玉琮有一定的厚度和體量,所以製作琮所需的玉料要遠遠大於玉璧、玉鉞等器型,同時製作玉琮的工藝也最為複雜,所以隨葬有玉琮的墓葬規格都比較高。

俗稱為「玉琮王」的玉琮,它在考古學上的名稱是「反山 M12:98」。其中「反山」是指 1986 年它出土於良渚古城內西北部的反山遺址,M 是「墓葬」的普通話拼音首字母,在第 12 座王陵形制的墓葬中,出土了 600 餘件隨葬品,其中編號第 98 件的器物就是這件玉琮。

「反山 M12:98」是一件典型的玉琮,它兩端截面呈圓形,似乎和玉璧關係密切。圓形截面的直徑被稱為射徑,「反山 M12:98」上射徑為 17.6 厘米,

玉琮上簡化後的神人獸面紋

下射徑要略小一些，所以典型玉琮並不是上下等大，而是呈上大下小的形狀。

它內部呈圓形，加之其外的方形琮身，很容易讓人聯想到中國古代「天圓地

方」的宇宙觀念。只是在良渚文化時期，並沒有文字能向我們闡述玉琮的起

源和用處，我們只能從良渚文化之後 2000 年的文獻中來尋找蛛絲馬跡。《周

禮》中記載：「以玉作六器，禮天地四方。以蒼璧禮天，以黃琮禮地，以青圭

禮東方，以赤璋禮南方，以白琥禮西方，以玄璜禮北方。」上大下小、天圓

地方，加之祭天的功能，玉琮似乎就是這種天地宇宙觀的微縮體現。

良渚文化出土的玉琮多達 170 餘件，而只有「反山 M12:98」被稱為「玉琮王」，它名副其實。這是一塊巨大的玉器原料。經過鑽孔雕刻後，成品還重達 6.5 公斤。不僅因為它體量巨大，玉琮王的重要之處在於在它身上首次發現了四組八幅完整的神人獸面紋飾。

良渚文化目前已出土成千上萬件玉器，但上面的圖形題材卻出人意料的少。在有限的幾種題材中，神人獸面紋顯得格外引人注目，它貫穿了良渚文化的始終。玉琮王四個轉角處裝飾的紋飾在良渚文化中很常見，上面為兩個小圓眼睛加橫長的嘴，下面為刻畫多重紋飾的大眼睛，連接鼻子和嘴巴，這兩個紋飾一直被認為是獸面紋。直到完整的神人獸面紋出現後，才知道神人的眼睛和「小眼面紋」完全一致，眼睛左右兩側都有橫向細長的眼角。原來「大眼面紋」才是神獸紋，其上的「小眼面紋」是神人紋飾的簡化。完整的神人獸面紋為我們揭示了良渚文明的祕密。

玉琮王上的神人獸面紋圖像高約 3 厘米、寬約 4 厘米，在這不大的空間內，良渚人極盡所能。他們用線條刻畫出頭戴羽冠，身穿戰袍的神人形象，神人聳着雙肩，平臂彎肘，騎坐在一隻兩眼圓睜、獠牙外露的猛獸之上。神人和神獸的身體裝飾有大量螺旋紋飾，這些螺旋紋並非毫無章法，而是順時針紋飾與逆時針紋飾相搭配。在沒有金屬工具的情況下，1 毫米的範圍內竟然雕刻出 5 條不重疊的線條，這展現出良渚人技藝的高超和對信仰的虔誠。這是良渚神徽的「標準像」，它的簡化或變體無處不在，是良渚文明精神的表達。

無論是纖細線條刻畫的具象神人獸面紋，還是只保留了小眼睛加大眼睛的抽象圖案，良渚玉琮上再沒有出現過其他紋飾。神人獸面紋與玉琮的關係，就如同良渚文化中緊密結合的神權和王權，相伴出現，貫穿始終。

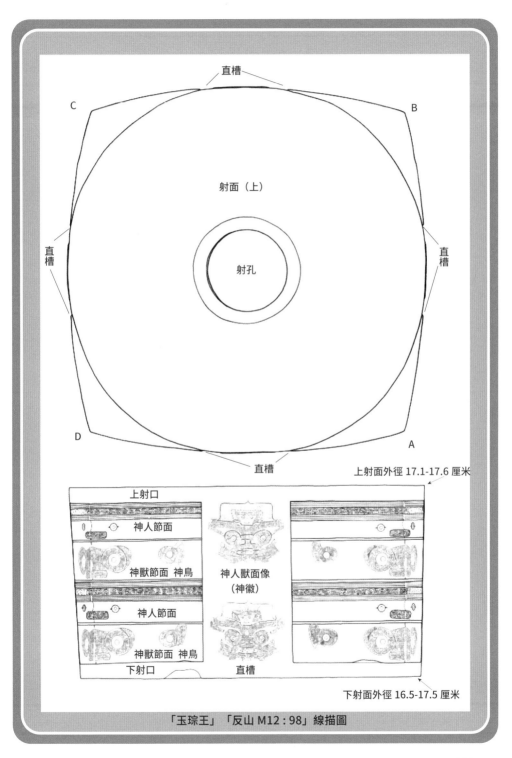

直槽

C

B

射面（上）

射孔

直槽

直槽

D

A

直槽

上射面外徑 17.1-17.6 厘米

上射口

神人節面

神獸節面 神鳥

神人獸面像
（神徽）

神人節面

神獸節面 神鳥

下射口

直槽

下射面外徑 16.5-17.5 厘米

「玉琮王」「反山 M12：98」線描圖

鑲嵌綠松石銅牌飾

金玉共振

鑲嵌綠松石銅牌飾

館藏：洛陽博物館
出土：河南省洛陽市偃師二里頭遺址
年代：二里頭文化

　　上挑的眼眶裏，一雙渾圓的眼睛，透過3500 年的時光與你對視。它是誰？是龍，是虎？是牛，是鹿？是鴞，是熊？它似乎也在持續向我們提問：你是誰？

　　略微拱起的弧形銅胎上，300 多片綠松石，歷經 3000 多年，紋絲不動，光潔依舊。它們的大小只有幾毫米，厚度 1 到 2 毫米。這高超技藝，在它的年代獨佔鰲頭。它比東亞大陸的文字更早 500 年出現，我們和它的交流，沒有有聲有形的語言。

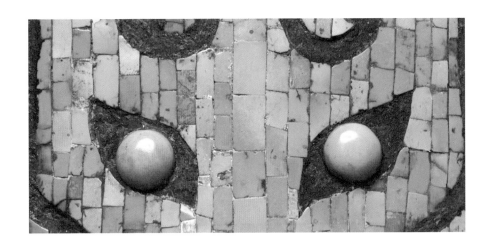

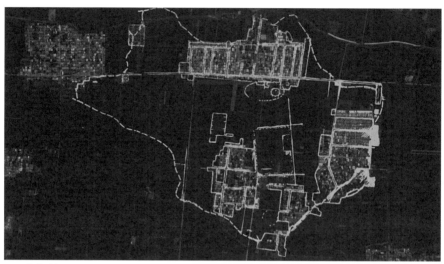

夏王朝都城

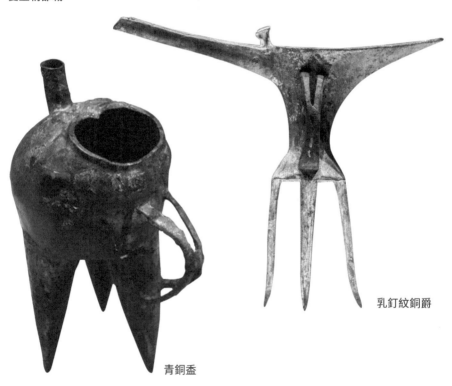

乳釘紋銅爵

青銅盉

　　二里頭的莊稼地下，埋着一座城。城市的中心有可容納萬人的朝堂建築。人們說，這裏就是史籍中的夏王朝的都城。都城中設置了規模宏大的鑄銅工場。

　　在更廣闊的時空裏，西亞和中亞更早具備鑄銅技術，而後在中國的西北，以及中原的龍山文化，相繼出現銅器，然而都是小型物件。到二里頭時代，銅開始用來鑄造較大的器物，這在世界其他區域的青銅文化中都沒有出現過。200 件二里頭青銅器中，乳釘紋銅爵是東亞最早具有紋飾的酒禮器。流口，把手，三足，早年用陶土燒製的樣子，在這裏被用全新的材質青銅熔鑄出來。人工合成金屬技術的掌握，促使二里頭文化躍升為時代的黑馬。在烈火中範鑄的貴金屬——青銅，鑲嵌本土崇尚的玉石——綠松石，金玉共振的局面，開啟了東亞的青銅時代。

鈴鐺

二里頭龍臉局部

二里頭綠松石堆塑龍

天水市博物館藏品

三星堆博物館藏品

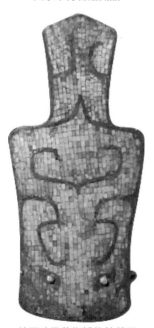

美國哈佛藝術博物館藏品

保羅・辛格藏品

美國哈佛藝術博物館藏品

日本美秀美術館藏品

保羅・辛格藏品

中國社會科學研究院藏品

　　與嵌綠松石銅牌飾幾乎同時的二里頭綠松石片，契合設計藍圖的造型，打磨成山字形、鈎形、梯形、長方形、圓形，拼接出奇異的造型，依稀能辨識出觸角、鼻子、眼睛。2000多片綠松石，比擬龍的鱗片，拼合成一條70厘米長的龍的形狀。兩隻梭形的眼眶內，凸起白玉眼睛，眉目連接天地。它們出現在墓主人的身上，旁邊擺放有一組銅鈴和玉鈴舌，好像在舉行一種約定的儀式。

　　上古神獸目光如炬，凝視它的眼睛，墓主的神思是否穿行到先祖的世界？這眼神，在甘肅天水見過，在四川三星堆見過。那是3000多年前中原、西北、西南的先民們，跨越千山萬水相互往來的見證。它們沉默無語，它們無需言語，這雙曾經見證過中國最早的王朝的眼睛，依然看着人來人往，星辰輪轉。

夏王朝

　　夏王朝是中國史書上記載的第一個世襲制王朝。在夏王朝以前，各個部族間以原始的聯盟形態相聯繫。聯盟的首領是由各部族的酋長間推選出來的德才兼備之人，老首領不能勝任後，將首領之位傳給有能力的後繼之人。堯、舜、禹之間的傳遞都是通過這種「禪讓」制度。禹更是因為治理水患十三年，三過家門而不入的事蹟為人稱道，獲得了很高的威望。而禹的兒子啟首次破壞了這種制度，改為將王位在父子、兄弟之間傳遞的「家天下」制度。夏王朝即在這時產生。

　　因為年代久遠，史書上關於夏王朝的記載比較模糊。夏王朝是否真的存在，堯、舜、禹這些賢德君主是傳說中的神還是真有其人，學術界一直存在這些疑問。安陽殷墟和甲骨文的發現，證明了商王朝確實存在，考古學家們又開始尋找夏王朝的遺跡。經過多年來的考古發掘，發現了一些夏代的證

漢畫像磚中大禹像

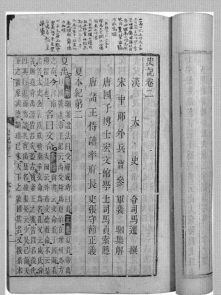

《史記·夏本紀》

據。位於河南偃師的二里頭遺址是一座大型的城市，城市裏分佈着宮殿、陵寢、房屋、道路等，還有鑄銅、製骨、製陶的手工作坊，其年代和地理位置與史書中記載的夏王朝相符合。它被考古學家認為是夏代的城市，只是目前還沒有發現帶有文字的確鑿證據。經過考古發掘，夏王朝的統治時間約為公元前 2070 年至公元前 1600 年。

二里頭銅爵

掌握冶煉鑄銅技術，是當時的一項重要發明，也是人類文明進步的一個重要標誌。辨認、採集銅礦石，高溫加熱礦石提煉出銅，按照一定比例加入其他金屬，改變銅的性質，最後鑄造成器物的形狀，這一系列步驟包含了大量的人工和智慧。

二里頭遺址中發現了鑄銅作坊和青銅器。因為當時青銅的產量很低，所以容器的器壁只能做得很薄，這又增加了製作的難度。這樣珍貴的原料不能輕易嘗試新的造型，所以當時的青銅器多是模仿成熟的陶器器型。

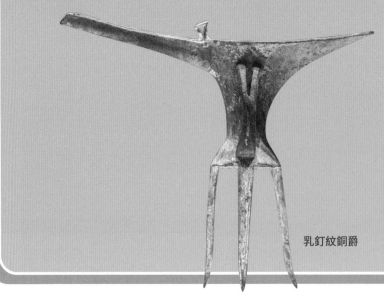

乳釘紋銅爵

酒是糧食或者果物發酵而成的飲品，早在新石器時期我們的先人就已經掌握釀酒技術，出土骨笛的賈湖遺址中就發現有釀酒的痕跡。釀酒需要消耗大量的糧食，所以在夏代只有王室貴族才能享用酒並擁有酒器。爵這種酒器擁有長長的倒酒的流，後面對應的是尖狀的尾用來平衡，中間是盛酒的杯，杯的一側是手握的柄，杯身下有三個足。足將杯身高高托起，有些爵的杯底還發現有火燒過的痕跡，證明爵不僅可以飲酒，還可以用來溫酒。

二里頭銅爵的造型是模仿同時期的陶爵而來。而鑄銅工匠們逐漸了解了青銅合金的性質，在銅中增加了一定比例的錫，使青銅器的延展性大大增加。相比於同時期的陶爵，工匠們將青銅爵的流和尾加長到誇張的地步，還不會折斷。這是在展示自己鑄造技術的高超，也展現了銅爵擁有者的崇高地位。

二里頭陶爵

金玉共振

與我們現在看到的顏色不同，青銅器在剛燒造完成時，呈現出漂亮的金色，如同金子做的一般。所以，青銅器在商周時期被稱為「金」或「吉金」。我們現在看到青銅器表面的綠色，是因為埋在地下千百年來鏽蝕形成的。玉也是被中國人廣泛喜愛的寶石。將黃金和美玉組合在一起，就是中國人對珍寶的統稱，對美好事物的比喻。

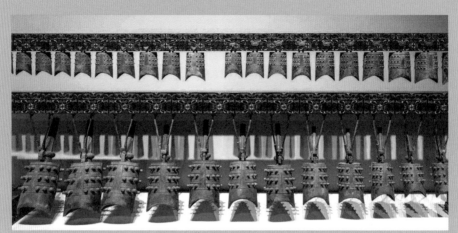

編鐘

編磬

「金聲玉振」中的金是指青銅製作的鐘發出的聲音，玉是指敲擊石磬的聲音。在大型禮儀奏樂之時，以鐘聲開始，以磬聲結束，比喻音韻和諧，也比喻人的知識淵博。

「金縷玉衣」是漢代時皇帝和高級貴族的喪葬用具，將大量的玉雕刻成玉片，再用金線綴連在一起，構成包括頭罩、面蓋、上衣、袖、手套、褲、腳套等部分的玉衣，當時的人們認為它可以保證屍體不腐。

　　「金枝玉葉」在清代是指用翡翠、珊瑚、瑪瑙等各種寶石雕刻成花瓣、葉片，再配以金銀、琺瑯彩、雕漆等工藝的花盆，構成永不枯萎的美麗盆景。皇帝、太后慶壽或者皇室大婚時，大臣們多用這種玉石盆景作為進貢的禮品，是清宮裏常見的擺設。「金枝玉葉」也比喻出身高貴的皇族子女。

　　2008 年北京奧運會的獎牌設計，融入了中國傳統文化元素，採用了「金鑲玉」樣式。

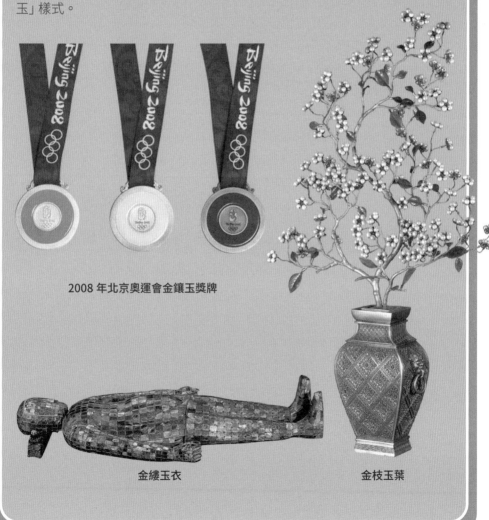

2008 年北京奧運會金鑲玉獎牌

金縷玉衣　　　　　　　　　　金枝玉葉

殷墟嵌綠松石甲骨

刻辭骨柶

殷墟嵌綠松石甲骨

館藏：中國社會科學院考古研究所
出土：河南省安陽市殷墟
年代：商

　　這是最早的「王」字，像豎放的鉞。鉞是一種兵器，是軍事統率權的象徵。王權最大依仗是軍權，「王」字由此而來。

　　商晚期，王室為了占卜和記事而契刻在龜甲或獸骨上的文字被稱為甲骨文。「王」是甲骨文中出現頻率最高的字之一。這片獸骨記錄了商王的一次田獵：壬午日，王在昭塞巡遊，為了田獵而進入麥山之麓，捕獲了一隻野牛。

　　這是我國博物館現存的唯一一件文字鑲嵌綠松石的甲骨。田獵好比當時的軍事演習，是重要的儀式。野牛體型巨大，難於捕獲。為了紀念這次田獵，王將此事刻在野牛的肋骨上，並嵌入象徵王權禮器的綠松石，彰顯權威。

甲骨刻文：
壬午，王（怂）於召（塞），
延田於麥彔（麓），隻（獲）兕。
亞易（賜）⋯⋯

甲骨文中的「王」字

商王無事不占，無日不卜，這些龜甲上裂紋的形狀，占卜着祭祀、收成、病患、生育，裂紋就是泄露的天機。專門的卜官和看守管理着這些國家檔案。3000 年前的生活，被 4000 個字記錄，15 萬 4000 片的甲骨碎片裏，我們依據目前能認出的 1500 多個字，可以回憶起商人的一天。

早上，丈「夫」起來。束髮的髮簪，是他可以擔起家庭的證明。清水前，他彎腰打扮，照鏡子，然後出門打獵。為了「走」快些，他雙手用力上下擺動。在林子裏，男人豎起「耳」朵，留心響動。前面是一隻小「鹿」。他搭箭拉弓，「射」了出去，收獲了獵物。彎彎的「月」亮已經掛在天上。他滿載而歸，妻子已備好晚飯。飯菜是用圓腹、有足有耳的炊具「鼎」燒煮的。

商代人以細緻的觀察力和驚人的想像力,將日常生活中的所見、所為、所感轉化成字符,刻在龜甲和獸骨上面,其中蘊含了後代的主要造字方法。以「田」為代表的象形字,是將物體的形態用文字的線條勾畫出來。指事字則是在象形字的基礎上增加提示性的符號。如「上」「下」,便是以一長橫為界,短橫在上為「上」,在下為「下」。會意字是由兩個或兩個以上的獨體字組成,如釀酒的瓦瓶「酉」和液體水合起來便是「酒」。形聲字是指「祥」這類由形旁和聲旁構成的文字。

甲骨文是中國目前可見最早的成熟文字。有了甲骨文,中華文明就有了記錄與傳承的工具。經過演變傳承,從祖先的心裏流傳到我們的指尖。從此,從個體到族羣,所有的情感、知識、思想、經驗,通過文字,一代代流傳下來,中華文明得以塑造與傳揚。此刻,我們寫出的橫豎撇捺,曾經一筆一畫地刻在骨頭上。

因為刻骨,所以銘心。

商代人一天中用到的甲骨文字

夫

監

走

耳

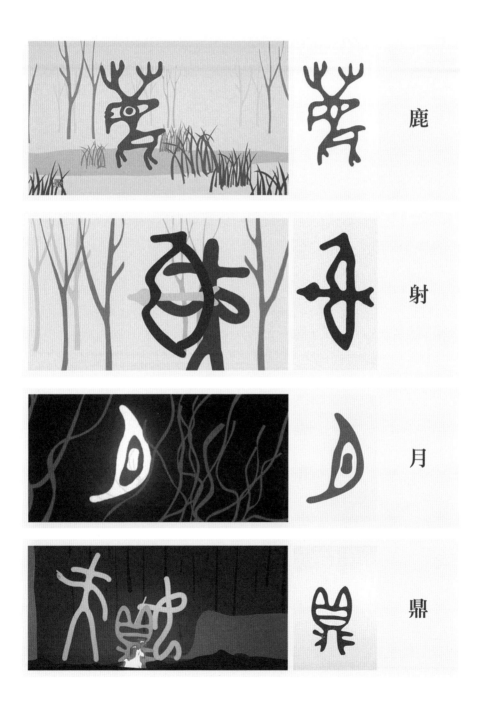

鹿

射

月

鼎

甲骨文

　　文字的出現是一種文明形成的重要標誌，人們可以用文字來交流與記錄，這種交流跨越了空間，變成了書信，甚至跨越了時間，變成了歷史。

　　在中國古代傳說中，是倉頡創造了文字。倉頡不同於凡人，他擁有四隻眼睛，通過觀察自然界鳥獸行動留下的痕跡，創造出了文字。而當他造字成功之時，天上竟然降下了小米，如同下雨一般，世間的鬼怪都在夜晚

倉頡像

中哭泣（倉頡作書而天雨粟，鬼夜哭。——《淮南子》）。這是因為文字在創造之初，是為了與天地鬼神溝通，因此就帶有某種魔力，讓人們敬畏。人們敬畏文字和它所記載的歷史文化，產生了「敬惜字紙」的思想。

　　甲骨文的發現過程也頗為傳奇，這種古老的文字竟然是在藥舖之中被識得。河南安陽的農民在犁地耕種時，常挖出一些龜甲骨頭，這些骨頭被當作一種藥材賣到藥舖之中。清代末年的官員王懿榮患了病，在中藥店抓藥之時，他被這些骨頭上的刻劃符號所吸引。王懿榮自幼喜歡收藏字畫古董，他敏銳地發覺到這些符號應該是一種古代文字。他一邊通過藥商和古董商大量收購帶有文字的甲骨，一邊潛心研究，確定了這是商代的文字。他的好友劉鶚也參與到研究過程中，識別出了 30 多個文字，其中 19 個字是天干地支。甲骨文的發現轟動了中外學術界，正式開啟了研究甲骨文及商代歷史的浪潮。

　　商王篤信鬼神，任何事情都希望得到鬼神的指引，所以無事不卜，從戰

爭是否會勝利，糧食是否會豐收，到明天是否會颳風下雨，妻子分娩是否順利，都要占卜一番。漢字中的「卜」字，完美而形象地展現了商代占卜的全過程。占卜由專門的貞人（即巫師）掌管。先在修整打磨好的甲骨的背面鑿成長條形的凹槽，如同「卜」字中的一豎，在旁邊再鑽出一個圓形的凹槽。鑽鑿的方向按甲骨中間的紋路左右對稱，圓鑿的位置更加靠近中心。占卜時用燒着的木棍灼燒圓槽，經過鑽鑿的甲

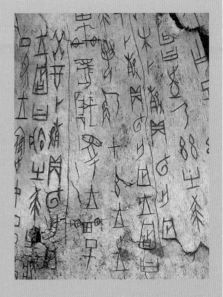

骨已經很薄，高溫灼燒後，就會出現裂紋，便形成了「卜」字的一點。龜甲燒裂時發出「bu」的一聲，便成了「卜」字的發音。負責占卜的貞人通過觀察甲骨表面裂紋的方向，來解釋占卜的結果，並將占卜的內容和結果刻在甲骨的正面。這樣就完成了一次占卜，刻有卜辭內容的甲骨也像檔案一般被妥善保存。安陽殷墟先後出土了約 15 萬片刻辭甲骨，它們是商代的圖書館和檔案庫。

卜辭甲骨

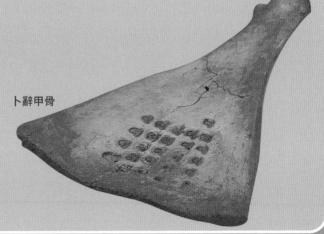

六書

　　中國在夏代前後就產生了帶有文字性質的符號，它們被刻在陶器和石器上。而最早成體系的文字是甲骨文。這種刻在龜甲和獸骨上的文字並不只是原始的象形文字，它已經具備了一定的構字法則，傳統文化中稱之為「六書」，包括象形、指事、會意、形聲、轉注、假借。

　　象形是將事物的外形用線條來描繪，如同繪畫一般，是最為原始的文字創作方法。象形文字不僅出現在甲骨文中，在各民族的早期文字中都有出現。如古埃及和瑪雅文字中能明確地看出象形文字的原型，中國雲南省的納西族還在使用一種東巴文，其中的形象比甲骨文還要原始，屬於文字起源的早期形態。

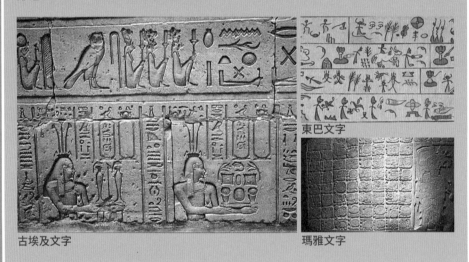

古埃及文字　　　　　　　　　　　　東巴文字

瑪雅文字

　　「指事」是在形象的繪畫中加入指事符號，用來表示象形圖案中較抽象的含義。如甲骨文中的「木」字形象地繪畫出一棵樹，在樹的底部增加一橫，構成「本」字，就是表示樹的根，引申為事物的主體或基本；而在樹的頂部增加一橫，用來表示樹的枝，構成「末」字，引申為事物發展的最後或者事

物不重要的部分。而在「刀」鋒利的部分加上一個點，就構成了「刃」字。

　　「會意」屬於合體造字法，是將兩個或多個單獨的圖案組合成一個新的字。如用雙手將牛頭上的角取下來，這個字表現的動作是將東西分開或去除某部分，就構成了「解」字。用表現嘴的「口」和鳥的象形文字，構成了表示鳥叫這個動作的「鳴」字。

　　形聲字中，由一部分表示事物的意思或類別，即「形旁」，由另外一個部分表示這個字的讀音，即「音旁」。形聲造字法突破了象形、指事、會意造字的局限，創造出了很多難以用圖像表現的文字。比如各種動植物的名稱中都含有固定的形旁，樹木含有「木」字旁、魚類含有「魚」字旁，「江河湖海」這四個漢字都帶有「水」字旁。商周時期以海貝當作貨幣，所以與錢和財富有關的文字都含有「貝」字。並且漢字中許多讀音相同的文字能表達各自不同的含義。現代漢語中，80% 以上的字都是形聲字，這與英文等拼音文字有很大的不同。

　　「轉注」是指在使用文字時，各個地區或人羣使用的表現相同含義、但字形不同的幾個字，即「多個漢字表達同一含義」。「假借」是指為了表現某種含義，沒有為它專門造字，而是藉用一個同音字來表示，即「一個漢字表達多個含義」。

后母戊鼎

國之重器

后母戊鼎

館藏：中國國家博物館
出土：河南省安陽市武官村
年代：商

　　3900 多年前，殷商國力強盛。
工匠們正在鑄造一件巨大的青銅器。
這項大型工程在當時堪稱尖端科技，
從採礦、冶煉、運輸、合金，到鑄造、修飾成形，過程
漫長。它就是我們熟知的后母戊鼎，因鼎身的三字銘文
而得名。

后母戊銘文拓片

青銅器鑄造過程

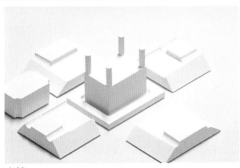
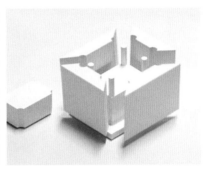

合範

澆築

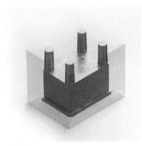
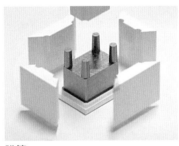

冷卻　　　　　脫範　　　　　　　　鑄器耳

鑄造這件重達 832.84 公斤的青銅器，前後各道工序均需大量熟練工人協作配合。所需金屬原料至少在 1 噸以上，而且必須有巨大的熔爐。學者們根據鼎身合範後的範線，推測出製作方法的幾種可能性，有的認為是分鑄而成，也有的認為是地坑式澆鑄鼎身，後加鑄鼎耳。製作它的難度在於器身各部分的厚度不同，幾種合金溶液冷卻的速度也不同，所以必須做好協調，而且要快速澆鑄才能完成。這個大鼎，也許經過反覆製作才得以成功。

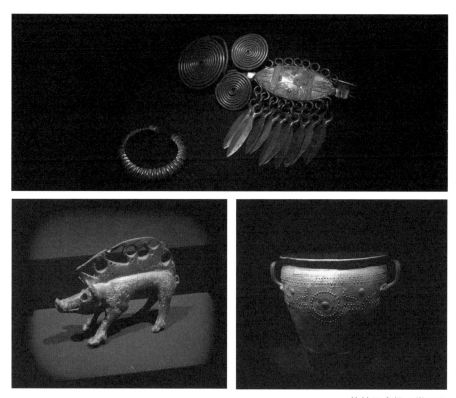

蘇美爾青銅日常用具

當時的歐洲還沒有進入羅馬時期，蘇美爾人最早進入青銅時代，他們的青銅主要用於製作日常用具。

銅爵

三勾兵

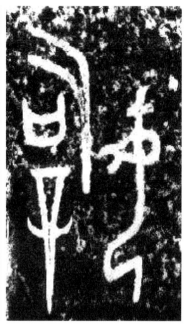

婦好墓出土的后母辛鼎

殷商時，「國之大事，在祀與戎」，殷商人的青銅主要用於製作祭禮器和武器，也開啟了青銅時代的「中國智造」。

關於后母戊鼎的爭議從未停止，多數專家認為「戊」是商王武丁王后婦姘的號，因為武丁的另一位王后婦好墓中出土的一對「后母辛」方鼎，二者的相似度很高。甲骨卜辭中記錄了許多婦姘和婦好的內容，她們管理各自的封地，也經常參與國家大事，婦好擅長軍事，婦姘擅長農耕。如果說婦好掌握了至高軍權，那麼婦姘則掌握了至高的農耕祭祀權。

后母戊與后母辛的銘文對比

農業是國之根基，重中之重。同為商代晚期，造型奇特的大禾方鼎，鼎上的人面頗似女性，銘文「大禾」，禾是穀物的總稱。不妨猜想，方鼎盛穀物以祭地，圓鼎則盛肉以祭天。古人早有天圓地方的概念，地為方為陰，象徵養育萬物之母。由此猜想：方鼎是為祭地而造，由身份高貴的女性主持祭祀儀式。

鼎所在之處，有了特別的動詞，叫作「鼎立」，大地也一定感受到了那不一樣的分量。「鼎」逐漸成為象徵國家和權力的傳國重器。「問鼎」「鼎盛」「一言九鼎」等相關的詞，成為莊嚴尊貴的代稱。

鼎中的王者──后母戊鼎，封印着商代密碼與故事的國之重器，今天仍無言自威，呈現着輝煌與強大。

「大禾」銘文

大禾方鼎

商代祭祀與禮器

祭祀在商王朝是一件很重要的事情。祭祀的對象有各種天地神靈，人們相信死去的祖先也會變成神靈，保佑着自己的子孫在戰爭中獲勝，擁有更多的糧食和牲畜，永遠平安昌盛。而要獲得神靈和祖先的保佑，就要舉行盛大的儀式，並奉上豐厚的祭品。甲骨文中的「祭」字，就是表現手拿着滴血的肉來供奉神靈的過程。在商代，祭祀的物品不僅僅是牛、羊、豬等牲畜，戰俘和地位低下的奴隸也被納為供品，這便是「人牲」。

甲骨文中的「祭」字

在建造王宮這樣重大的事情上，更是要祈求鬼神保佑，避免災禍。殷墟一座宮殿旁邊發掘出多座祭祀坑，坑內被用作祭祀的人骨有百具以上。而且這座宮殿奠基時、立柱時、竣工時也有祭祀活動，所有的柱子下面都夯築了一具屍骨，以求平安。根據發掘出的四萬片甲骨刻辭來統計，商代的人牲總數大約在 1.5 萬人左右。

盛大的祭祀儀式中，青銅禮器佔有重要地位。這些禮器原先都是有實際用途的，如鼎是用來煮熟食物的鍋；甗的中間有帶孔的銅盤來放置食物，下層用來加熱水，相當於現在的蒸鍋；爵是喝酒溫酒的容器。「民以食為天」，吃飯飲酒都是頭等的大事。商人們相信，要得到祖先和鬼神的庇佑，就要供奉美食美酒。這些青銅器也從紋飾簡單的食器和酒器變成帶有精美花紋的禮器。

比如婦好墓中出土一組造型不同的酒器，而觚、爵、斝這幾件器物在商代晚期已成為固定的禮器組合，它們出現在王室貴族的墓葬中，表明了婦好為商代王后的身份。

青銅甗中祭祀用的俘虜　　　　　后母戊鼎鼎耳和婦好鉞上的虎口一人對比

　　在商代王室或者巫師掌管祭祀和占卜，他們是溝通人與神靈之間的使者，所以被蒙上神祕的色彩，同時也擁有很高的社會地位。從殷墟甲骨文中可以看出，武丁的兩位王后婦好和婦妌都曾參與祭祀。后母戊鼎的器耳上裝飾有虎噬人的紋飾，兩隻老虎側面而立，大張其口，十分兇猛，而被兩隻虎銜着的人卻很平靜，嘴角似乎還帶有一絲微笑。這個圖案同樣出現在婦好墓的鉞上，還有阜南出土的龍虎尊上。有一種解釋，認為兩虎之間的這個人就是巫師，他在利用虎的神力與鬼神溝通，完成占卜和祭祀過程。

　　商王朝多以酒器作為禮器，也因縱酒而亡國。商王朝末代君主紂王不理朝政，建造了許多華麗的宮殿供自己取樂。他用美酒灌滿水池，將肉掛滿樹枝，紂王和寵妃妲己就在這酒池肉林之間嬉戲遊玩，日夜飲酒，最終導致商王朝的滅亡。這個故事在民間流傳甚廣，《封神演義》等小說也都有描述。

史書中還記載了夏代最後一位君主夏桀類似的亡國故事，夏桀同樣是用酒灌滿水池，與美女在酒池中坐船遊玩，最後導致亡國。時代久遠，關於他們的記載也許有謬誤，但史書中都用夏桀王與商紂王的故事警醒後世君主。西周時期的禮器從酒器改為鼎、簋等食器，盛酒的容器也稱之為「銅禁」，就是對前朝亡國經驗的借鑒，君主告誡自己時刻要自我約束。

天干地支

　　古人觀察天地自然變化，創造了一系列標記順序的符號來紀錄時間，形成古代的曆法，天干地支便是其中一種。天干十個，包括：甲、乙、丙、丁、戊、己、庚、辛、壬、癸；地支十二個，包括：子、丑、寅、卯、辰、巳、午、未、申、酉、戌、亥。將十個天干和十二個地支按順序兩兩相互排列，組成 60 個單位，形成一個週期，周而復始，用來紀年、紀月、紀日、紀時。

01 甲子	02 乙丑	03 丙寅	04 丁卯	05 戊辰	06 己巳	07 庚午	08 辛未	09 壬申	10 癸酉
11 甲戌	12 乙亥	13 丙子	14 丁丑	15 戊寅	16 己卯	17 庚辰	18 辛巳	19 壬午	20 癸未
21 甲申	22 乙酉	23 丙戌	24 丁亥	25 戊子	26 己丑	27 庚寅	28 辛卯	29 壬辰	30 癸巳
31 甲午	32 乙未	33 丙申	34 丁酉	35 戊戌	36 己亥	37 庚子	38 辛丑	39 壬寅	40 癸卯
41 甲辰	42 乙巳	43 丙午	44 丁未	45 戊申	46 己酉	47 庚戌	48 辛亥	49 壬子	50 癸丑
51 甲寅	52 乙卯	53 丙辰	54 丁巳	55 戊午	56 己未	57 庚申	58 辛酉	59 壬戌	60 癸亥

　　天干地支以「甲子」為開始，循環往復，六十個組合後又回到「甲子」，所以六十歲的壽誕又稱為「花甲」。也許是因為十二個地支不方便記憶，人們將十二種動物與地支相配，便形成了十二生肖。湖北睡虎地和甘肅放馬灘出土的秦簡已經有比較完整的生肖記載，只是部分生肖對應與現在我們使用的不同，辰對應的不是龍而是蟲，午對應的不是馬而是鹿。西方的人們以出生日期對應的十二星座來占卜運勢，中國人更願意佩戴自己出生那年的生肖來保佑自己。

　　我們並不知道干支紀年法的具體發明時間和發明者。但在商代甲骨文上已經刻有天干地支排列的表，最早被辨識的甲骨文，也是這些天干地支。這些甲骨片沒有灼燒的痕跡，證明不是用來占卜。商代時，天干地支法主要用來紀日，所以這些甲骨片可能是我們最早能看到的日曆。

子（鼠）　　丑（牛）　　寅（虎）　　卯（兔）

辰（龍）　　巳（蛇）　　午（馬）　　未（羊）

申（猴）　　酉（雞）　　戌（狗）　　亥（豬）

　　天干不僅用在曆法之中，也被用在商代的歷代王及王后的封號和祭名中。如商代著名的中興之王武丁，他的王后分別被尊稱為母辛（即婦好）、母戊（即婦妌），還有武丁的父親小乙、叔父盤庚等，他們的名號在殷墟發現的甲骨或者青銅器的銘文中被發現，且都帶有一個天干。

甲骨文上的天干地支

天干表

甲	乙	丙	丁	戊	己	庚	辛	壬	癸
十	⟨	⟨	□	⼪	⟋	⼿	⟙	工	⨯⨯
	⟋	⟙	▽	⼪	⼫	⼿	⼿	工	⨯⨯
				⼫		⼿			

地支表

子	丑	寅	卯	辰	巳	午	未	申	酉	戌	亥
⼭	⼳	⼤	⼧⼲	⼷	⟙	⼘	⼤	⼷	⼷	⼷	⼛
⼭		⼤	⼧⼸	⼳	⟙	⼘	⼤	⼷	⼷	⼷	⼛
		⼿	⼸	⼷		⼙	⼤	⼷			⼛

```
湯 ─────┬───── 大丁 ───── 太甲 ───┬─── 沃丁
        ├───── 外丙              └─── 太庚 ───┐
        └───── 中壬
```

```
┌─── 小甲
├─── 雍己
└─── 大戊 ───┬───── 仲丁 ───── 祖乙
            ├───── 外壬
            └───── 河亶甲
```

```
┌─── 祖辛 ───── 祖庚 ───┬─── 陽甲
└─── 沃甲 ───── 南庚    ├─── 盤庚
                       ├─── 小辛
                       └─── 小乙 ───┐
```

```
┌─── 武丁 ───┬─── 祖庚   ┌─── 廩辛
│           └─── 祖甲 ──┴─── 庚丁 ───── 武乙
└─── 文丁 ───────── 帝乙 ───────── 帝辛
```

商王世系表

　　商代以干支紀日，春秋戰國以地支紀月，西漢以地支來紀時（即十二時辰），並且以干支來紀年。以後的 2000 年間，人們一直用干支法計算農曆，直到今天。

婦好玉鳳

鳳凰傳奇

婦好玉鳳

館藏：中國社會科學院考古研究所
出土：河南省安陽市殷墟婦好墓
年代：商

《史記》中記載，殷契是鳳的後裔，殷商是男人的天下。
這件玉鳳線條流暢，風韻迷人，側身回首，轉顧生姿。它屬
於商王武丁的王后婦好。殷墟婦好墓出土多件玉龍，而玉鳳
僅此一件。

也許婦好是當時最著名的女人，
在安陽殷墟出土的一萬餘片甲骨中，
提及她的就有 200 多次，內容包括征戰、生育、疾病，甚至包括詢問她去世
後的狀況如何。

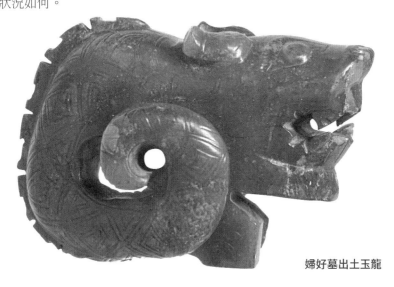

婦好墓出土玉龍

婦好墓出土玉龍

婦好墓出土玉器

龍形玉玦

玉鹿

銅柄玉矛

玉熊

玉象

玉牛

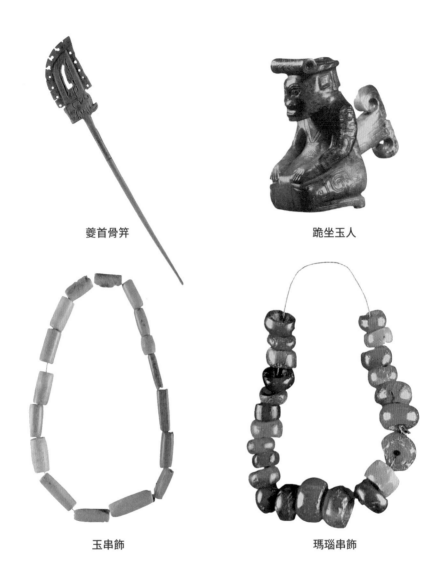

夔首骨笄　　　　　　　　跪坐玉人

玉串飾　　　　　　　　　瑪瑙串飾

　　婦好墓隨葬品非常豐富，755 件玉器，499 件骨笄、銅鏡、骨梳，還有精美的象牙杯、骨刻刀，綠松石、孔雀石、瑪瑙珠等各色寶石，以及眾多小巧可愛的石器。我們彷彿看見一個愛美又講究生活品質的女性，正如玉鳳般雍容華貴，儀態萬方。

歧冠曲內銅戈（上） 鑲嵌松石曲內銅戈（下）　　　　　銅鏃

婦好銅圓鼎　　　　　　　　　婦好鳥足銅鼎

婦好銅圈足觥　　　　　　　　　銅瓿

　　作為商王寵愛的妻子，擁有這些器物大概不足為奇。奇的是，婦好墓中還有一些歷代后妃所沒有的隨葬品——幾百件青銅武器和一系列青銅禮器。最令人矚目的是一件象徵國家軍權的大鉞，銘文「婦好」。

婦好銅鉞

　　這位王后並不是身居後宮的弱女子,她是參與國家大事,在男權社會中擁有一席之地、以實力說話的女性。婦好生前能征善戰,經常主持各種大型祭祀。她擁有自己的封地,經濟獨立,也向商王室納貢。

　　武丁是商代中期勤政開明的君主,他的時代被稱為「武丁中興」。武丁朝雄踞中原,開疆拓土,毫不誇張地說,婦好打下半壁江山。作為王后和女將,以智慧和實力擔當家國事業,博得眾人的敬重,她堅若青銅;生活中為武丁生兒育女,作為妻子和母親,她溫潤如玉。愛武裝也愛紅妝的雙面佳人,堪稱完美女性的典範。

　　正是這種愛人、知己、戰友的身份,婦好三十三歲去世後,武丁悲痛不已,將她葬在自己辦公的宮室附近,並在墓上建了享堂「母辛宗」,以便供自己

海貝

婦好墓遺址復原陳列

和後代追思祭拜。子輩與其他宗族也為她陪葬了不少重器，甚至有當時的貨幣──海貝6800餘枚。如此豐厚的陪葬品，留給我們極為豐富的文化遺產。因緣巧合，婦好墓在王陵區域之外而成為殷墟唯一得以完整保存的商代王室墓葬。豐富的文字與遺物，讓我們有幸認識了3000多年前這樣一位傳奇女性。婦好的玉鳳，恰似她優美的風姿，定格在歷史的風景線上，為後人所景仰。

婦好墓

商王武丁也許是中國歷史上最成功的男人。武丁的祖父、父親、兩位叔父都曾執掌商朝，自從他的叔父盤庚將商朝都城遷至殷以來，商朝一改衰落的趨勢。武丁繼位後，不斷開疆拓土，極大地擴充了商王朝的版圖。他在位的 59 年間，商王朝政治清明，百姓富庶，國力達到鼎盛，史稱「武丁中興」。

武丁的兩位兒子祖庚、祖甲都是商王，他們父子三人創造了商代的黃金歲月。武丁有很多妻子，其中三位是王后，分別是婦好、婦癸、婦妌。她們不僅為武丁生兒育女，還能征善戰、擅長農耕、參加祭祀、執領封地。

婦好是商王武丁三位王后中最傑出的一位。她的墓葬位於商代都城殷墟的宗廟區內，南北長 5.6 米，東西寬 4 米，深 7.5 米。這個墓的規模在商代的王室成員中並不算大，也不像商王的墓有四條長長的墓道，但這個墓中卻堆滿了精美的隨葬品，包括青銅器 468 件、玉器 755 件、骨器 564 件等，僅有 20 多平方米的墓室中，出土多達 1928 件陪葬品。其中有工藝複雜、紋飾精美的祭祀禮器；婦好梳洗打扮用的日用器物和飾品；婦好四處征戰使用的青銅兵器；還有代表財富的大量海貝。墓中還發現 16 個殉人和 6 隻殉狗。這些隨葬品證明婦好高貴的身份地位，也表明了她的丈夫武丁對她的寵愛。

墓內的青銅器不僅是精美的藝術品，更是商王朝禮制的體現。青銅禮器上鑄有所有者的銘文，鑄有「婦好」銘文的器物，是她生前所鑄造或丈夫武丁賞賜的器物。而鑄有「后母辛」銘文的禮器，則是武丁的兒子們為母后所做的祭品。

婦好墓中有多件銅鉞，這種兵器有寬大的刃部，上面有穿孔可以綁在柄上。早在新石器時代，鉞已經從最初的工具和兵器變成了權力的象徵。最大的一件銅鉞重達 9 公斤，上面裝飾有兩隻虎噬人的紋飾，具有震懾作用。虎噬人紋下面，就是婦好的銘文。

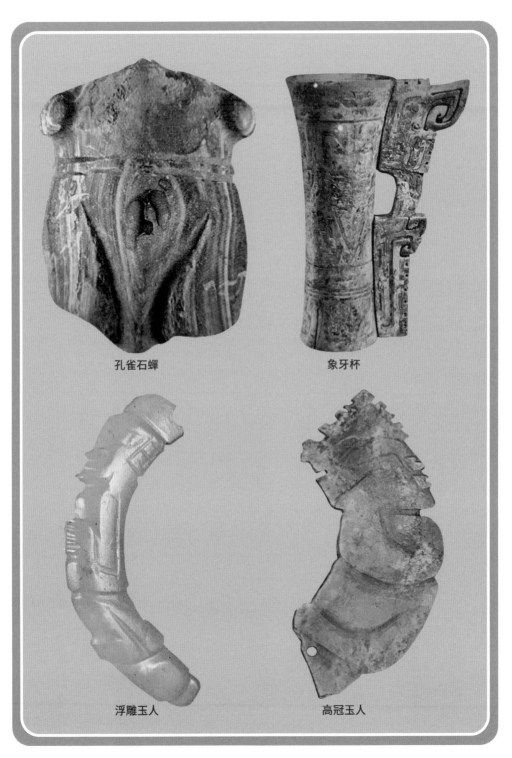

孔雀石蟬

象牙杯

浮雕玉人

高冠玉人

玉虎頭怪鳥

骨梳

　　從墓裏的陪葬品來看，婦好不僅是一位王后，也是一位能征善戰的女將軍，而且她親自主持莊嚴神聖的祭祀活動。「國之大事，在祀與戎」，婦好以一個女性的身份，直接參與了祭祀和征戰這兩件國家大事。在她以後幾千年的男權社會中，也很難有女性能達成這樣的偉業。

　　武丁對婦好的感情極為特殊，在婦好三十三歲去世後，商王沒有將她葬在陵墓區，而是埋葬在離自己最近的宮殿旁，在婦好的墓上建造了廟堂，帶領兒孫們為她舉行了多次祭祀。甲骨文中記載，武丁還親自為她舉行冥婚，將婦好的幽魂先後許配給三位先王。商代人迷信鬼神，崇拜祖先和神靈。武丁對婦好的離開難以釋懷，他將珍愛的妻子許配給去世已久的賢德祖先，也許是為了讓祖先在另一個世界保護他的妻子，或者他認為，婦好完全可以和偉大的帝王相匹配。

婦好玉鳳的來源

婦好墓中出土了大量玉器,當時的玉器工匠工藝純熟,已經形成商代特有的裝飾風格。商代的玉鳥已形成典型的樣式,它們的身材粗壯寬厚,擁有鈎子般的嘴和「臣」字一樣的眼睛,身上的羽毛用勾連的雙線表示,如同青銅器上的紋飾一般。它們有粗壯的腿,有些玉鳥的頭上是商代典型的夔龍紋頭冠。而這件玉鳳卻顯示出完全不同的風格。它體型修長,鳥嘴微彎,玉鳳並沒有雕刻腳,而是突出了它尾部長長的翎毛。它身上的紋飾是由突出的陽線紋飾勾勒,鳳的眼睛並不明顯。它的這些特點與新石器時代石家河文化出土的玉鳳完全一致,可以確定這件玉鳳不是商代的作品,而是婦好收藏的一件古玉。

婦好墓中出土的古玉不只這一件,它們的來源非常廣泛,有西北的齊家文化、東北的紅山文化、山東的龍山文化,還有南方平原的石家河文化。這些古玉的製造年代遠遠早於商代,出於對玉器的熱愛,人們將各地發現的古玉很好地保存起來,最後它們成為向商王室的朝貢之物。結合甲骨文中的記載,婦好討伐過羌、土方,還有東夷。也許,這些來自各地的玉器是婦好四處征戰後的戰利品。這樣看來,婦好可能是最早的古董收藏家。

婦好墓出土玉鳥　　　　　　　　　婦好玉鳳及石家河玉鳳

鴞尊

一隻貓頭鷹的待遇

鴞尊

館藏：中國國家博物館 河南博物院
出土：河南省安陽市殷墟婦好墓
年代：商

乍一看會覺得這是一隻蹲着的狗。其實不是。它的名字是鴞尊。鴞，也就是我們俗稱的貓頭鷹。尊是古代的盛酒器。

鴞尊身高將近半米，頭微昂，面朝天，雙翅併攏，尾巴垂到地面，和兩隻粗壯的腿構成了三個支撐點，穩穩地站立，通體遍佈十幾種形狀各異的動物形象。其外形從整體上看，有一種後世少見的扶搖直上的動感。

婦好墓外觀

　　鴞尊被現在的年輕人譽為最呆萌的青銅器。河南博物院根據鴞尊的形象開發出了一系列相關的文創產品，深受大家喜愛。有網友調侃，早在3000多年前的商代，中國人就已經發明了「憤怒的小鳥」。

　　鴞尊出土於商代著名的王后婦好的墓中。婦好既是商王武丁之妻，也是中國有文字記載的第一位文武雙全的女將軍。生前她曾參與國家大事，主持

青銅器中的鴞

祭祀，還帶兵征伐過其他國家，幫助她的丈夫武丁實現了商王朝著名的武丁中興，頗具傳奇色彩。有專家甚至說，青銅鴞尊就是婦好的「代言人」，見證着中國這位傳奇女性的一生。可見，鴞尊雖然被現在的人賦予了呆萌可愛的意味，但是在鑄造它的時代，這也許不是它本來的意義。

　　貓頭鷹是古代工藝品經常採用的原形。商代及商之前的歷史時代裏，石器、陶器、青銅器中都能見到精美的鴞形。商人有崇鳥的習慣，鴞就是他們主要的崇拜對象之一。觀察這些器物，總覺得有一些地方被加工得格外醒目、誇張，例如銳利的嘴巴、獰屬的面部、粗壯的腿足、繁縟的紋飾，等等。這些有意識的誇張，大概是要強調鴞的威懾力。

　　在商代，鴞是人們喜愛和崇拜的一種神聖的鳥。有些專家認為商人把「鴞」推崇為「戰神鳥」，是克敵制勝的象徵。也有專家認為商人把「鴞」作為地位和權力的象徵。還有專家認為商族族源神話「天命玄鳥，降而生商」中的「玄鳥」，實際上就是商人祖先神的化身——鴞。有學者說，甲骨文裏面的「商」字，其實就是一隻貓頭鷹的大臉。這不但道出了鴞與商的不解之緣，也可以解釋婦好墓為甚麼會隨葬鴞尊。有關生商的「玄鳥」究竟是不是「鴞」，至今仍然有很多的爭論，但有一點是毫無疑問的，在商代的青銅禮器當中，出現得特別多的鳥，就是「鴞」。

雅典娜神廟

　　事實上，對於貓頭鷹的崇拜並非僅僅發生在中國商代的王室。希臘神話中，代表智慧、理性與公平的雅典娜，她的愛鳥就是一隻貓頭鷹。古希臘人崇拜貓頭鷹。作為可以在夜間捕獵的鳥兒，貓頭鷹在黑暗中看清真相、在混亂中理清思維，或許這就是貓頭鷹被賦予了智慧象徵的原因。

　　貓頭鷹的形象在商代的石雕中也有體現，而無論是雄渾還是卡通，商代貓頭鷹所散發出的簡單、直接、大氣，以及不經意之間流露出的高貴氣質，在之後的 3000 年的中華大地上再也沒有出現過了。

　　貓頭鷹在後世被看作了醜惡的不祥之鳥。詩經《豳風・鴟鴞》中說：「鴟鴞鴟鴞，既取予子，無毀我室。」豳是渭河流域，周族部落的發祥地，對於鴟鴞，周族已用上極盡貶義之詞了。在歷經了 800 年周朝對於殷商文化的推倒洗牌之後，鴞在漢代仍然難以翻身。西漢賈誼《弔屈原賦》這樣寫道：「嗚呼哀哉，逢時不祥。鸞鳳伏竄兮，鴟鴞翱翔。」在漢代，貓頭鷹還被莫

名強加上了「食母」的惡名。我們小時候也聽過這些俗語，「不怕夜貓子叫，就怕夜貓子笑」，貓頭鷹的到來不是甚麼好事。

　　套用這幾年很火的一首詩：「你見或者不見我，我就在那裏，不悲不喜。」從高貴，到不祥，再到呆萌，貓頭鷹一直就是那個貓頭鷹，但是人心變了好多。

雅典城邦錢幣中的雅典娜和貓頭鷹

尊

　　甲骨文的「尊」字很形象，一雙手捧着一件容器，裏面盛着酒，這件容器的名字就是「尊」。而這種恭敬而虔誠奉酒的心情也被蘊含在「尊」字內，演變成「尊敬」「尊貴」「尊重」等詞。

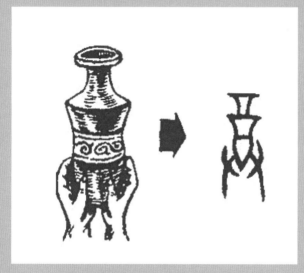

　　尊是在商代出現的一種大型盛酒器。圓形尊口部外敞，口徑比較大，如同喇叭，腹部鼓出，裝飾有各種紋飾，裏面用於盛酒，底部是圈足，商代早中期的圈足上多有「十」字形的穿孔。出土於安徽省阜南縣的龍虎尊就是這種典型的器型。龍虎尊的肩部有三條蜿蜒的龍，圓雕的龍首伸向外部，頭上有兩隻角。龍首下有扉稜，將腹部分為三部分，每一部分都裝飾有虎食人紋，虎的身體對稱向兩邊伸展，虎頭圓雕伸出，虎口銜着一個屈腿蹲着的人。這件尊的紋飾極其精美，是典型的商代圓形銅尊。

商代　龍虎尊

商代　四羊方尊

春秋　犧尊

　　四羊方尊也有外敞的大口、微鼓的腹部和高圈足。但它的口和足都為正方形，所以叫方尊。這件方尊有半米高，重達 35 公斤，真正地體現了「尊重」的含義。方尊的口部裝飾有蕉葉紋和獸面紋，腹部的各面着重鑄造了一隻捲角的羊，羊頭伸出於器外，羊身和羊腿附着於尊的腹部和圈足上，兩隻羊中間還盤旋有一條雙角的龍。

　　除了圓尊和方尊外，商周時期還流行將尊鑄成牛、羊、虎、鳥、雁等形狀。山西渾源縣出土的犧尊就是模仿水牛的造型，牛角前彎，眼睛圓睜。牛鼻子還有圓環，證明在春秋時期，人們已經開始使用穿鼻的方法馴服牛。牛

晉侯鳥尊與孔雀

的腹部中空，頸部、背部、尾部有三個取酒用的圓孔，可惜蓋子已經丟失。

山西博物院藏的晉侯鳥尊背部有可以取下的蓋，用小鳥作為蓋鈕。鳥尊整體造型豐滿，兩翅上捲，刻畫了精細的羽毛紋飾。它昂頭回首，雙眼圓睜，高冠直立，與古代繪畫中的孔雀極為相似。鳥尊的蓋內和腹底鑄有銘文「晉侯乍（作）向太室寶尊彝」，而《周禮·春官·司尊彝》記載古代祭祀禮器中有所謂的「六尊六彝」，「鳥尊」即為其一，這件器物便驗證了史書的記載。

明代　呂紀《杏花孔雀圖》

利簋

刻下商周的界碑

利簋

館藏：中國國家博物館
出土：陝西省西安市臨潼區零口鎮
年代：西周

　　西周王朝經常舉行各類賞賜活動，當年作為西周官員的利，也得到了周武王賞賜給他的青銅，很是高興。他用這稀有的青銅鑄成了這件「簋」，故名為「利簋」。利的官職在當時叫「有司」，也就是個部門主管。這件簋，樣貌稱不上驚艷，卻被認為是鎮國青銅器。它珍貴的祕密究竟藏在哪兒了呢？

　　國家博物館講解員袁碩介紹說：「長久以來，中國的學者一直對史書上的記載有所懷疑，其中最經典的一個例子莫過於《史記》中對牧野之戰的記載。司馬遷在《史記》中描述道，當周武王討伐商紂王時，殷商王朝竟然組織起了 70 萬人的作戰隊伍。且不論以 3000 多年前的人口和調度能力，70 萬人作戰是否太過誇張，就連牧野之戰發生的時間都有至少 44 種結論。輝煌偉大的周王朝是甚麼時候建立的，之前沒能得出一個清晰的結論，這實在是太讓人遺憾了。好在青銅利簋出土了。」

　　簋是一種古代食器，用來盛裝煮熟的穀物類主食。西周等級森嚴，一些用於祭祀和宴饗的器物被賦予了特殊的含義，成為禮制的象徵，這就是所謂的「藏禮於器」。

　　天子在祭祀、宴饗、隨葬時，使用九鼎八簋，諸侯七鼎六簋，大夫五鼎四簋。依次類推，不能越級使用。此後的 3000 多年，「禮樂」成為中國人的思想準則和行為規範，中華民族「禮樂之邦」的聲譽也由此而來。

牧野之戰

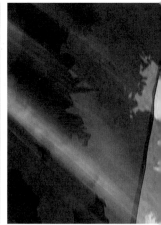

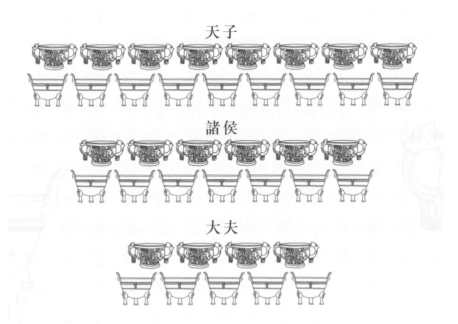

西周列鼎制度

釋文：
珷（武王）征商，隹（惟）甲子朝，歲鼎，克聞（昏）夙又（有）商，辛未，
王才（在）闌師，易（賜）又（有）事（司）利金，用乍（作）檀公寶尊彝。

　　作為西周貴族的常備禮器，簋本身並不十分罕見。利簋的珍貴恰是因
為底部的 30 餘字銘文揭曉了武王伐商的時間。銘文開頭是這樣寫的：「武王
征商，惟甲子朝，歲鼎。」翻譯成現代文就是武王伐紂戰役發生在某年「甲
子」日的早晨，當天「歲」星（也就是木星），正當中天。首先，專家採取了
碳 14 測年法，將西周初年遺存中出土的碳樣進行檢測，框定出武王伐紂戰役
發生在公元前 1050 年至前 1020 年的年代範圍；天文學家依據銘文中所記甲
子日「歲」星（木星）在中天的天象，參照《國語》記載的天象記錄，精確
計算出武王伐紂發生於公元前 1046 年 1 月 20 日。由此，這一歷史學的著名
懸案終於告破，利簋居功至偉。可以說，它刻下了商周的界碑。

講解員說：「對於這30多字銘文的解讀，一些學者提出了自己的異議。只能說，我們目前只是暫時得到了一個大體上還受到認同的說法。如果想得到最終的定論，恐怕還需要進一步的發掘和研究。」

其實，對於一個並不從事學術研究的普通人來說，欣喜的不僅是了解到商周更迭的年份，更是拜千年不斷的文字所賜，通過一件文物，三十幾個字，居然能和3000多年前的祖先們交流。而簋的上半部分形狀被現代人使用的碗沿襲下來，依然作為食器，被我們捧在手掌，也捧在心上。

碳 14 測年法

　　碳元素是自然界廣泛存在的一種元素，也是構成地球生命的重要材料。我們每天吃的食物中包含大量碳水化合物，用來取暖的煤是人類最早使用碳的形式，堅硬而閃亮的鑽石是自然界中碳的另一種存在形式。

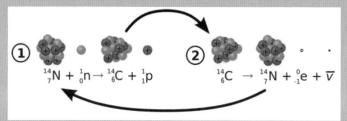

① 碳 14 由宇宙射線中的中子流擊中氮核而變來。
② 碳 14 會自發衰變成氮 14，半衰期是 5730 年。

　　隨著科技的進步，我們對碳原子有了更多的認識。科學家們發現，同一元素具有相同質子數、不同中子數的存在，它們互稱為「同位素」。碳元素就是一個典型的例子，碳的同位素有碳 12、碳 13、碳 14，分別含有 12、13、14 個中子數。其中碳 14 具有放射性，導致它的性質很不穩定。隨著時間的流逝，碳 14 會釋放出射線，慢慢變成穩定的氮 14，這個過程就是「核衰變」。不同的元素衰變的快慢不同，用「半衰期」來表示，指的是放射性同位素原子數目減少到開始值一半時所需的時間。半衰期快的元素如碘 131，它的半衰期僅為 8 天，就可以減少一半。而碳 14 的半衰期為 5730 年。

　　當宇宙射線進入地球外層大氣時，氮 14 會發生一系列反應，產生不穩定的碳 14，活著的植物需要光合作用，就會吸收空氣中含有碳 14 的二氧化碳，動物吃了這些植物後，也會攝入碳 14。因而，所有生物體內都應該含有碳 14。當植物或動物死亡後，就停止攝入新的碳 14 了，而其中的碳 14 會不斷衰變。所以，測量生物體內碳 14 的含量可以推算出生物死亡時間。這種碳 14 測年法是 1947 年美國科學家威拉德・利比（Willard Libby）首次使用。

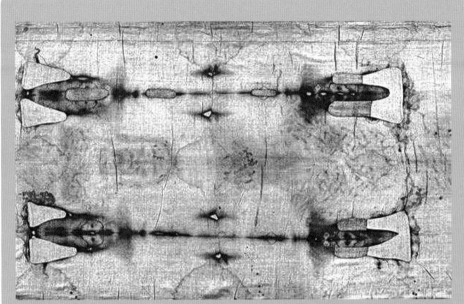

都靈聖體裹屍布 (Shroud of Turin)

　　碳 14 測年法也有一些限制，碳 14 的「半衰期」為 5730 年，經過 5 個半衰期（29,000 年），碳 14 就所剩無幾了，科學家就很難測量到了。超過 5 萬年前的生物，碳 14 實驗室就無法進行測定。加之空氣中的碳 14 含量並不是一直穩定，貝殼、骨頭、木頭等不同材質測量出的結果也會有所差異，如同任何科學計量方法一樣，碳 14 測年法也存在一定誤差，但它對於考古學、古生物學等學科作出了巨大貢獻。

　　意大利都靈一座教堂內，保存着一塊布片，上面隱隱約約有人的影像。這塊布就是著名的「都靈聖體裹屍布」(Shroud of Turin)，它被認為是耶穌基督被釘在十字架上死去後用來裹屍的遺物，其上的影像就是基督真容。1988 年，美國、英國、瑞士三地的科學家對這塊裹屍布上剪切下的樣本進行了碳 14 分析，三地的結論是基本一致的：這塊裹屍布的年代在公元 1260 年到 1390 年間。這塊布的原料是耶穌死後 1200 多年才種出來的，科學家用碳 14 測年法澄清了這一歷史懸案。

牧野之戰

　　利簋發現於 1973 年。這年 3 月時，陝西臨潼縣的農民正在進行水利建設，挖掘出了一個地窖，裏面堆滿了青銅器。考古工作人員清理了這一深 2 米、寬 0.7 米的青銅器窖藏坑，一共出土了壺、簋、盉等禮器 5 件，甬鐘 13 件，斧、鑿、鏟、削、角刀、鏟刀等各類工具 23 件，戈、鏃等兵器 7 件，車轄、帶扣、扣飾、馬絡飾等車馬器 105 件，銅餅、銅器座各一件，而利簋就在其中。

　　利簋出土時並不起眼，它紋飾不算精美，造型也很普通，體積也不大。等到研究專家清理出利簋底部的銘文之後，它的價值才被人們所認識。一個學術界爭論已久的難題，也因它的出現最終被解開。

　　利簋上的銘文為鑄造金文，部分文字使用了通假字，使學者們對內容的釋讀產生了歧義。經古文字學家、歷史學家考釋，銘文釋讀為：「珷（武王）征商，佳（惟）甲子朝，歲鼎，克聞（昏）夙又（有）商，辛未，王才（在）闌師，易（賜）又（有）事（司）利金，用乍（作）檀公寶尊彝。」翻譯成現代文的大致意思就是：「武王伐商，在甲子這天早晨，歲星當頭。打到傍晚只用了一天時間，就攻下了商都。辛未這一天（按天干地支紀日法計算，是甲子日後第八日），武王駐紮在闌這個地方，論功行賞，賞給官職為有司、名叫利的人一批銅，利就用這些銅鑄造了這個簋來紀念自己的先祖檀公。」所以這個簋也叫作「檀公簋」。

　　銘文中的第一句即是：「武王征商，惟甲子朝，歲鼎。」武王征商具體是指「牧野之戰」，這是周人推翻商族統治、掌握中原政權的一場決定性戰役。這一役之前，是商代，牧野之戰之後，中國歷史就進入了周王朝。

　　這一重要的戰役卻一直不知道發生在哪一年。因為中國史書中可以考證的準確歷史，開始於公元前 841 年。因不滿周厲王的暴政，居住在鎬京的人們集結起來，手持棍棒、農具，圍攻王宮。這件事史稱「國人暴動」，人們驅逐周厲王，公元前 841 年改年號為「共和元年」，成為中國信史的開端。但此時已是周王朝中期，在此之前的歷史，就沒有具體年份了。

　　記錄武王克商之戰細節的文獻記錄，首推《逸周書‧克殷解》《史記》《尚書‧牧誓》《逸周書‧世俘》，加上今本《竹書紀年》和《呂氏春秋》等書。其中大多記載武王伐紂時出現了「東面而迎歲」「歲在鶉火」「五星若連珠」等天象。學者們大多按照這些矚目的星象來推算牧野之戰的具體年份。可是各文獻中的天象記載不同，文獻的真偽無法選擇分辨，導致牧野之戰的具體發生年代，從漢代起至今，學術界推算出 44 種不同說法，時間從公元前 1130 年到公元前 1018 年不等，前後相差 112 年。

　　利簋銘文的發現，印證了部分文獻記載，解決了這一難題。利簋的銘文中明確記載了牧野之戰是發生在甲子日的早晨，正好與《尚書‧牧誓》中所記載的「時甲子日昧爽，王至於商郊牧野」得以印證。近半個世紀的考古學的發展，積累了大量新資料，尤其是大量西周青銅器銘文的研究，釐清了歷代周王的年表。現代天文技術取得了巨大進步，天文學家可以利用大型計算機進行天象回推，可以精確到幾千年前的每一天。利簋中記載的「歲鼎」星象記錄就顯得十分重要。歲星即木星，有學者認為，「鼎」指的是在天空的正中間，也就在這天早上，木星處於天空的中間位置，它成為推算牧野之戰具體日期的重要證據。而《逸周書》等古籍中記載的「戰一日而破紂之國」也與利簋上的「甲子朝，歲鼎，克昏夙有商」這句話對應上了。專家一致認為，武王伐紂，就是只用了一天的時間，早上武王發兵攻打，晚上，商紂王就自焚了。

　　利簋，這件其貌不揚的青銅器，以其銘文確定了中國商王朝建立年代，成為鎮國青銅器。

何尊

這裏有中國

何尊

館藏：寶雞青銅器博物院
出土：陝西省寶雞市陳倉區賈村鎮
年代：西周

　　凝重雄奇的造型，嚴謹又富有變化的紋飾，但只有慧眼才能看見它的心。此刻，它被安置在國寶的最高展台。因為它記錄了上古時期一對十幾歲少年的心跳，一段關於王朝不忘初心的對話。

　　3000 年前的日落，在大地上映射出兩個年輕人的身影。他們一個建立了一座至今依舊繁榮的都城，一個鑄造了一件記載榮光跨越十幾個朝代依然不朽的青銅器。他們的父輩曾經浴血並肩奮戰，建立了新的王朝——周王朝。

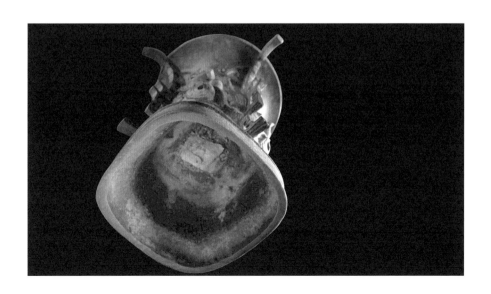

釋文：
昔在爾考公氏，克逨文王，肆文王受茲命，
唯武王既克大邑商。

大意：
何的父親公氏迫隨文王，文王受上天大命統
治天下，武王攻克了大邑商。

這兩個青年一個是周武王之子，剛剛繼位五年的周成王姬誦，一個是同宗的貴族何。雖然王朝新的領袖姬誦才十幾歲，但已經在他四叔姬旦，一位令後世孔子都尊崇的儒學先驅輔佐下開始勵精圖治，並依照父王姬發臨終的遺願，為保江山永固，在距離當時王城西安 300 多公里以外的洛陽建立了新的都城。這些事跡使得同是年輕人的何血脈僨張。父親的業績得到一國之君的認可，自己又被新王看重，為此他也要做一件熱血的事情。在得到批准後，何鑄造了一件青銅尊，在尊底有限的範圍裏，最大限度地記載了父輩們和新王的功績，以及新王對自己的告誡。

當考古學家在 122 字銘文裏發現「宅茲中國」四個字的時候，無異於在方寸之間看到了埋藏了千年的謎底。這是關於「中國」一詞最早的文字記載。宅茲，是居住在這裏的意思。在城邦的中心會樹立旌旗，金文的「中」字由此而來；家

周公姬旦　　　　　　　　　周成王姬誦

建都洛陽

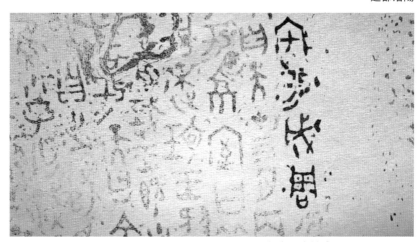

釋文：宅於成周
大意：居住在成周（洛陽一帶）

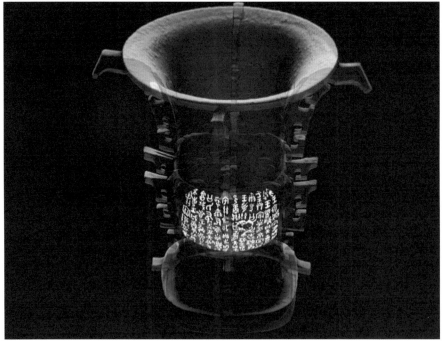

園需要有護城河阻擋外來入侵,並在軍隊的護衛下才能得以安寧,因此金文的「國」字有兵戈守護。尊裏的「中國」所指的是當時天下的中心,王朝的中央,新建的都城成周,在現在的洛陽一帶。

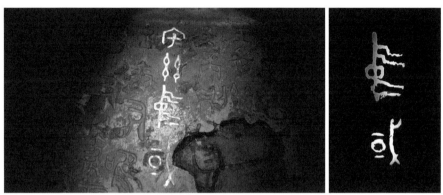

釋文:宅茲中國
大意:居住在天下中央

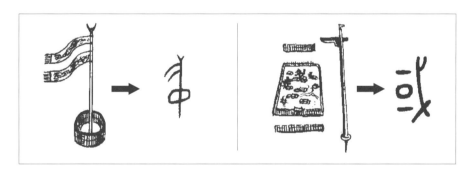

這些寫給祖先的字跡,更像是寫給數千年後 14 億中國人的信。3000 年歷史演進、朝代更替,「中國」一詞從地理中心、政治中心派生出文化中心的含義,繼而又被賦予了王朝統治正統性的意義。直到清末,「中國」一詞被用作國名出現在官方正式文書當中。

　　3000年過去，那對年輕的身影早已不在，太多故事也被黃土掩蓋，但洛陽城繁華依舊：同樣被黃土掩埋的青銅尊於1963年在陝西的一處土崖中被發現，後被命名為何尊。雖沒有了最初奪目的光澤，但尊底的122字銘文卻沒有辜負它主人的期望，跨越三個千年，將祖先的豐功偉績展現在後人眼前。

　　中國，3000年前被鐫刻於方寸之間，深埋於地下。3000年後，埋藏它的泥土和這泥土連接的960多萬平方公里的土地，都被它命名，叫作「中國」。

何尊與成周

1963 年，陝西寶雞賈村鎮的一個農民院子裏，天剛剛下過雨，這家的住戶發現因雨水沖刷，院後的土崖有所坍塌，其中好像有亮光。被埋藏了 3000 年的何尊就這樣出土了。

農民在自家田地耕種、院中蓋房時發現青銅器，這在陝西，尤其是在寶雞並不罕見。地處陝西關中平原西端的寶雞，曾是西周的發祥地和京畿重地，許多高級貴族的封地和周王朝的宗廟都位於這裏，因而寶雞地下的青銅文化遺存極為豐富。自西漢至今，寶雞境內就不斷有青銅器出土，晚清時出土的「四大國寶」——毛公鼎、大盂鼎、散氏盤、虢季子白盤，全部來自於寶雞，而今它們已經分別成為海峽兩岸博物館裏的「鎮館之寶」。兩千年來，寶雞出土了數以萬計的青銅器，這些重器的發現，極大地改變了世人對西周歷史的認知，讓我們對西周的政治、宗教、禮儀制度、工藝製造方面有了更深入的了解。寶雞因出土青銅器數量眾多，規格很高，銘文內容填補史料空白，被譽為「中國青銅器之鄉」。

2003 年寶雞眉縣楊家村窖藏

出土後的何尊被藏入博物館中，它高 39 厘米，口徑 28.6 厘米，重 14.6 公斤。專家確認，這是件西周早期的青銅酒器，名字叫作「尊」，它表面裝飾的紋飾為「饕餮紋」，於是它被命名為「饕餮紋銅尊」，成為寶雞市博物館 1958 年成立後收藏的第一件青銅器。

從「饕餮紋銅尊」更名為「何尊」，不僅僅是器物名稱的變化，更是因為它的學術價值被逐漸認識，這都源於考古學專家馬承源先生。馬承源先生長期從事青銅器的研究，在民間和海外徵集、搶救了數以萬計的珍貴青銅

馬承源先生

器文物。因為馬承源先生的努力，使上海這一並不出土青銅器的地方，卻藏有中國最多的青銅器精品，是當之無愧的青銅器專家。

1975 年，為紀念中日建交，國家文物局要在日本舉辦中國出土文物精品展，時任文物局局長王冶秋聘請青銅器專家馬承源先生組織籌備。馬承源先生很快從全國各地調集了備選展品，其中就有這件饕餮紋銅尊。馬承源先生見到這件青銅器後，心中十分納悶，依照多年的研究經驗，西周早期如此大的青銅器怎麼會沒有銘文呢？隨即他用手在銅尊內壁底部反覆尋找，隱約感覺底部刻有文字，立即進行清除泥土和鏽跡的工作。果然，銘文在銅尊底部顯現出來，不大的器底共有 122 字。依照銘文，這是西周早期貴族「何」所鑄造的青銅器，將其更名為「何尊」。

對於何尊及其銘文的研究就此展開。何尊銘文中記載，周武王滅商後，考慮到鎬京偏西，不能控制殷商舊族廣泛分佈的東方地區，就提出過在今天洛陽附近建都的設想。武王說：「余其宅茲中國，自茲乂民。」他希望在天下之中的地方建立都城，以此來安定百姓，統治民眾，為此他日夜焦慮，廢寢忘食。武王有感於自己天命將盡，將這一願望向自己的弟弟周公旦傾訴，還將自己的幼子周成王姬誦交由周公輔佐。

何尊釋文：

唯王初雍，宅於成周。復稟王禮福自天。在四月丙戌，王誥宗小子於京室，曰：「昔在爾考公氏，克又文王，肆文王受茲命。唯武王既克大邑商，則廷告於天，曰：余其宅茲中國，自茲又民。嗚呼！爾有雖小子無識，視於公氏，有勳於天，徹命。敬享哉！」唯王恭德裕天，訓我不敏。王咸誥。雍州何賜貝卅朋，用作口（周）公寶尊彝。唯王五祀。

周公輔成王（山東嘉祥武梁祠漢畫像磚）

　　周公是文王的兒子、武王的弟弟、成王的叔父。他沒有辜負武王的囑託，為了穩定周王朝大業，他協助成王攝政多年。國事繁忙，周公也願意親力親為。無論周公是在清洗頭髮還是在進食，只要有賢士來訪或商討國事，周公必定停下手中的事情來接見。有時一次沐浴時要多次握起頭髮，吃一頓飯時要多次吐出正在咀嚼的食物。周公這樣禮賢下士，求賢若渴，天下人才無不信服。曹操的《短歌行》中，便用「周公吐哺，天下歸心」一句，表明自己如周公一般求賢若渴，希望天下人才都來歸順。

　　周朝初年，還有殷商的舊臣和貴族反抗周王朝統治。周公沒有忘記武王的遺志，在兩次東征平叛之後，新建都城的事情更加緊迫。查勘地勢後，周公選擇了洛水和伊水流經的平坦之地。周公又反覆占卜，終於選定了四方進貢距離都相等的天下中心建立新都城，這就是何尊記載的「中國」。周公將測量和營建成周的過程記錄下來，後世歷代都城的營造，無論是出於崇尚復古，還是證明王權正統，都或多或少地參考了周王城的設計。

　　營建完成後，周公把九鼎安放在這裏。在中國歷史上，九鼎一直象徵着皇權穩固。傳說，禹建立夏王朝時，將天下劃分為九州，他收集各州的青銅，鑄造了九個大鼎，上面雕刻有各地的山川地貌、珍禽異獸。禹將代表九州的大鼎陳列於宮門之外，象徵天下一統和至高無上的王權。自此以後，歷朝歷代的帝王都很看重九鼎的象徵意義，得到九鼎才能證明自己皇權的合法性和權威性。

通過考古發掘，我們知道夏代的青銅器器型較小、器壁很薄，也沒有多少紋飾。當時還沒有發現大量的銅礦，鑄造技藝還未成熟，不可能鑄造出九尊大鼎。經過青銅器文化繁盛的商王朝後，周公在成周安放九鼎是完全可以實現的。春秋時期，周王室衰微，春秋五霸之一的楚莊王過周境時，詢問周天子鼎的大小輕重，「問鼎中原」將楚莊王覬覦王權之心昭示天下。

周成王五年，新的都城成周建成了，周成王遷都於此，並為其父武王舉行了盛大的祭禮。他向上天宣告，周武王夢寐以求的新都城成周，終於在天下中心的地方「中國」建成了。成王又對宗室子弟進行了訓誡，並賞賜貴族何 30 串貝幣，何深感榮耀，為此鑄造一件銅尊，記載此事。

當成王長大後，周公決定還政於成王。周公以殷商滅亡的事情提點成王，告誡他不要縱情於聲色、遊玩和田獵。此後周公把主要精力用於制禮作樂，繼續完善各種典章法規。周公在國家危難的時候，不避艱辛挺身而出，擔當起王的重任；當國家轉危為安，走上順利發展之路的時候，毅然讓出權力，這種無畏無私的精神，始終被後代稱頌。周公臨終前，希望葬於成周，表示至死也不能離開成王。成王不敢以周公為臣，為表達對周公的尊重，將他與周文王安葬在一起。

何尊，不僅記載了最早的「中國」一詞，講述了周武王、成王、周公的功績，更重要的是，它為我們展現了周王朝早期蓬勃向上、銳意進取的時代面貌。

玉組佩

把世界戴在身上

玉組佩

館藏：山西博物館
出土：山西省曲沃縣北趙村晉侯墓地
年代：西周

　　你現在看到的它，來自 3000 年前的西周。它在地下行走了 3000 年。它和時光一起行走。穿着它的繩子已經腐朽，它的 204 塊碎片，被光線連接。

　　204 個不同的象徵，串接成閃光的句子，在身體上被佩戴成段落，組成了一個新的世界。在這個世界裏，龍的鱗片和大雁的羽毛，振翅

在同樣的天空；魚的滄海和蠶的桑田，被同一根繩子，以一指相間。兩條龍的纏繞，龍和鳳的合體，龍的身體和人的頭，人們把見到和想像到的生命濃縮成玉片。它們入海、通天，慢慢匯聚在同一個地方，匯聚到一個人的身體上。

　　整組玉佩從脖子鋪到腳邊，晉侯夫人又以長串的玉佩垂墜耳畔，以玉片覆面。口耳眉目之間，呈現萬物的容顏。

　　當時的人們認為，把一個世界穿戴在身上，讓億萬年生命的玉與數十年生命的人，將彼此的生命互相給予，就是人對天地萬物之愛的表達。玉，成為西周在青銅之外留給時光永恆的禮物。

　　西周的人們嚴格遵照等級，將禮制體現在服飾上。佩戴玉組佩的人，節步緩行。身份越高貴，身上的玉組佩便越長越複雜，走路的步伐就越小，走得也越慢。

　　禮制，無形地掌控着國家運行的規範。玉身為禮的載體，用來當作溝通日月天地、對話祖先的語言，用來比喻君子的品格，用來象徵女子美好的儀態。

　　億萬年前的地殼運動，造就了玉石。先民的雙手把玉開鑿出來，撿拾起來，捧在手心裏。玉組佩，以毫釐的薄片象徵巔峰，以靜止不動比擬河流，流經了生死與朝代更迭。這一組碎片來到我們眼前，已經行走了億萬年。而西周離我們不過 3000 年。從禮玉到佩玉，我們把世界的美好戴在身上。

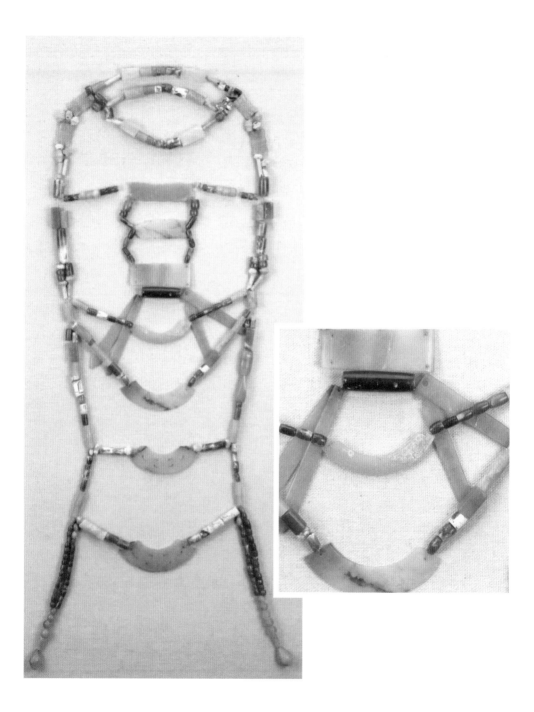

從靈玉到禮玉

在中國古代，玉器並沒有嚴格的定義和劃分，美麗的石頭就是玉。「玉」字在古人心目中是一個美好、高尚的代表，它比王字多一點，也許就代表了玉是佩戴於王者腰間的裝飾物。古代詩文常用玉來比喻和形容一切美好的人或事物。形容女子美好的容顏，就用玉面、玉女、亭亭玉立；比喻美食美景，用錦衣玉食、瓊樓玉宇。中文中與玉器相關的詞彙，大多都是「斜玉旁」。琳瑯，就是指精美的玉石，也指玉器碰撞在一起發出的清脆美妙的聲音。琢磨，是指將玉石雕刻和打磨成玉器，也指代對文章等加工使其更精美。

中國最早的玉器，是 8000 年前的遼寧阜新的興隆窪先民創造的。他們用當地所產的岫岩玉製作了玉匕、玉玦、玉管等器物，造型都是模仿日常中的實用器。但玉材質稀少，又不耐磕碰，並

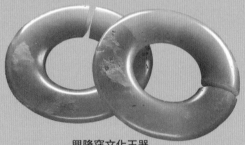

興隆窪文化玉器

不適合作為工具使用，保留了實用功能的玉器開始具備其他功能。玉器具有溫潤美感，是珍貴的裝飾品。而美玉稀有又不易加工的特點，使它成為社會地位和權力的象徵。

中國人把玉看作是天地精氣的結晶，使玉逐漸變成溝通天地與鬼神的使者。東北地區的紅山文化，創造出了玉豬龍、三孔形玉璧、勾雲形玉器、馬蹄形玉箍形器等，它們造型獨特，充滿想像力。位於南方的良渚文化，人們在玉器的表面精心雕琢神徽圖案，這樣耗時耗力製作的玉器卻被用作隨葬品，僅一座墓葬中就出土了多達 33 件玉琮。位於陝西神木的石峁遺址，石製城牆的縫隙中發現大量的玉璋、玉璧、玉鉞等，數量巨大、材質珍貴的玉器，卻

被石峁人埋入石城牆中。這些玉器不是用來作為裝飾，而是承載着原始先民們的信仰，在精神領域有至高無上的作用，是溝通上天鬼神的「靈玉」。

商代人尊崇鬼神，大量甲骨占卜也顯示了商人的這種信仰。所以，商代墓葬中出土的璧、琮、圭、璋等，都是基於玉器的靈性，被用作溝通祖先神靈的神物。只是在當時是如何作用，我們不得而知，只能從後世的文獻記載中加以推測想像。商代也出現了一些小型的實用和裝飾玉，婦好墓內出土了玉刻刀、玉容器，還有穿孔的玉龍、玉鹿等裝飾用玉，但它們不是商代玉器的主流，商代玉器大部分還是巫覡的祭祀用具。

到了周代，周王室大肆分封，同宗貴族、姻親、功臣，按親疏遠近被分封土地人民，建立起大小不一的諸侯國。在高低貴賤、血緣婚姻等錯綜複雜的關係中，需要用一種制度來加以制約。西周建國之初，周公旦就致力於制禮作樂，形成了一套覆蓋各種人際關係的禮法，內容繁複，等級森嚴。玉器便成為禮的載體之一。周代貴族朝會、出使及日常生活中，用玉器來區分爵位等級高低。

當我們在談論秦以前的一些禮儀制度時，都會引用《周禮》的記載。這部書是西漢時從民間徵得的先秦古書之一。關於它的作者及其年代，歷代學

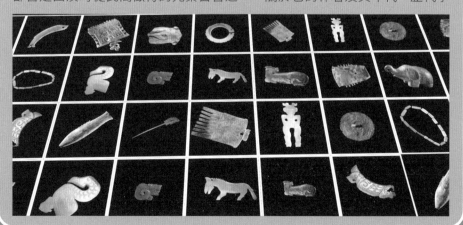

者進行了長期的爭論，有學者認為它成書於西周、春秋、戰國，甚至到漢代初年才寫出。這部書內容極為豐富，涉及社會生活的所有方面。它所記載的禮的體系最為系統，既有祭祀、朝覲、封國、巡狩、喪葬等國家大典，也有如用鼎制度、服飾制度、禮玉制度等具體規範。許多制度僅見於此書，因而它尤其寶貴。

《周禮・春秋・大宗伯》載：「以玉作六器，禮天地四方。以蒼璧禮天，以黃琮禮地，以青圭禮東方，以赤璋禮南方，以白琥禮西方，以玄璜禮北方。」這是周代最重要的六種禮玉。

玉璜

玉璜是一種弧形片狀的玉器。《周禮》的記載中玉璜被當作是祭祀北方之神的禮器。可從考古發掘顯示，絕大多數玉璜不是被用作禮器，而是作為裝飾品或玉組佩的掛件佩戴，稱之為「配璜」。可見，《周禮》的制度規範並非以往社會的實際制度，而是展示了一個完善的國家典制，國中的一切都井然有序，富於哲理。

西周時期，士大夫提倡「君子比德於玉，君子無故玉不去身」。這種社會風尚促使貴族極其重視佩玉。各式構思奇巧的單玉佩，高貴複雜的玉組佩，貴婦使用的玉梳、玉簪，王侯將相們佩戴的玉劍飾，從裝飾品到實用器，玉器也出現在生活的方方面面，也是禮制的代表。

大型玉組佩為西周首創，是服飾的組成部分，由多件玉器串聯組成懸掛於身上的配飾玉。華麗的玉組佩表現了其高貴身份。《禮記・經解》說：「行步則有環佩之聲。」意思是說凡是君子都會佩玉，因為佩玉只有在不快不慢有節奏的步伐下才能發出清脆悅耳的聲音，時刻提醒佩玉的人無論是走路還是坐車，動作和姿勢都要溫文爾雅、不失禮節，同時因為玉佩撞擊發出的聲

音很遠就能聽到，以示正人君子行止得當，光明磊落，不會偷聽或偷看別人。

　　玉佩以絲線綬帶串聯各種璜、璧、環、龍鳳虎形佩等構件，多為成組對稱使用。這些玉組佩的構件，既可單獨作為配件，又可成組串聯，更添富貴氣息。考古發掘顯示，社會地位越高的貴族，所佩戴的玉組佩串飾越長，製作越複雜精巧。而身份地位較低的人，配飾就變得簡單而短小。

　　山西晉侯墓地出土的這套長約 2 米的玉組佩，屬於晉穆侯的第二任夫人。晉侯墓地中都是一侯一夫人並穴合葬，只有晉穆侯採用了特殊形式，是與兩位夫人合葬。這位夫人可能極受寵愛，她墓中的隨葬品多達 4280 餘件。而她又是個愛玉之人，除了這件超長的玉組佩和玉串飾外，棺外東北角還發現了一件青銅的方盒子，裏面裝了各種各樣的玉器，最早的可以追溯到商代。

　　這套玉組佩能直接從墓主人的頸部覆蓋到腳面，是貴族身份地位及權勢的象徵。但西周時期的貴族生活中佩戴的玉組佩，肯定不會這麼長，也許是這位夫人生前有好幾組玉組佩，她去世後，將幾組重新組合在一起，全部用來入葬。

　　到了戰國至漢代，為了佩戴者行動方便，玉組佩的組合趨向簡單化，大型的玉組佩在西周如曇花一現，迅速退出歷史舞台。禮玉的時代也就此結束了。

三星堆青銅人像

人性的光輝

三星堆青銅人像

館藏：三星堆博物館
出土：四川省廣漢市三星堆
年代：古蜀文明

　　當我們的目光遇見這些人像，就注定這是一場屬於整個星球的相遇。它們鮮明的特徵，標誌着它們區別於普通人。無一例外的凝重表情裏，有突出的眼睛和薄薄的嘴脣，耳垂全都有孔。在上古時代，珥佩應該是特殊身份的標誌。

　　57 尊大小不一的青銅頭像，像個謎。以我們的認知可分為圓頂、平頂和金面。圓頂頭像戴着帽箍，個別腦後附帶捲狀物，如同盤起來的髮髻。平頂頭像有的腦後編髮辮，大部分戴素面無紋帽。其中一尊頭像的帽子上有迴紋圖案裝飾。戴盤頭帽的屬於典型的川蜀特徵。金面頭像僅出土了四尊，金色大部分已經脫落，只有一尊基本完整。金色用黃金捶拓成金箔，以生漆調和石灰做黏合劑，貼附於面具表面。黃金自古是權力的象徵，耀眼的金色彰顯着人物更尊貴的地位。

戴迴紋帽子的青銅頭像

　　三星堆頭像裏還有特殊的一尊，與其他頭像風格迥異。這尊頭像面部特徵柔美，頭頂為子母口形，現在，它的頭飾是風。我們用猜測和想像與他們對話。許多人判斷，她可能是一位女性，當褪去了神性的外衣，彷彿回到了人本性的一面。他們究竟來自何方？又為何與我們如此不同？

戴盤頭帽的青銅頭像　　　　　　　　　面部柔美的青銅頭像

金面頭像

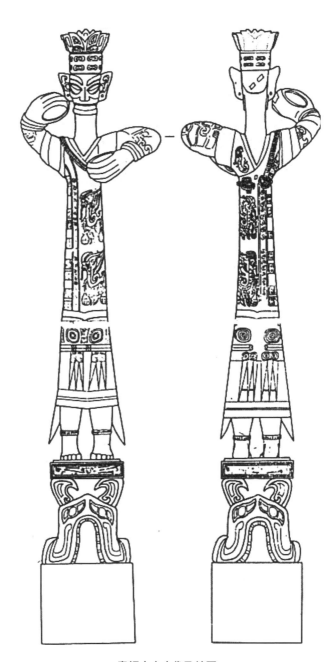

青銅大立人像及線圖

古蜀文明始終被當作一種地域文化，鮮少出現在官方史書中，以至於當他們的輝煌遺跡突然出現在世人面前時，人們更願意相信，青銅頭像凝重的表情是在遙望自己的故鄉。

戰國晚期，伴隨着秦統一六國的步伐，古蜀被秦國所併。在此之前，古蜀國人一直沉浸在神權與王權合一的政治生活中，神巫色彩濃厚。這尊大立人銅像是所有青銅人像中級別最高的，他也許就是那個既掌握着世俗至高權力、又能與天地溝通的領袖。

三星堆文明晚期，中原王朝正處於殷商時代，商代人大量製造青銅兵器、食器、酒器，用活人祭祀神明，這個王朝是個充斥着血腥的時代。然而，在三星堆的祭祀坑中，始終沒有發現用於祭祀的人牲，更不見一件兵器。這些長相冰冷的古蜀人，擁有着超越時代的人性光輝。這也許是他們強大的原因，或許也是他們消亡的種子。古蜀文明為何擁有如此超凡的想像力？與他們對視，那些超越語言的心動，也許就是隱藏在我們生命裏的謎底。我們是人，也是人類，我們站在這裏，也站在地球上。

三星堆祭祀坑

　　位於四川廣漢的三星堆遺址，在 1986 年發現兩個祭祀坑。這兩個坑面積並不大，卻讓人們重新定義了巴蜀文化。每個祭祀坑只有 15 平方米左右，深度也不過 1.5 米，裏面卻堆滿了珍貴的禮器，共出土有青銅器、玉器、金器、陶器等 1700 餘件。其中包括巨大的青銅立人像、青銅神樹、眾多青銅眼形器、用金箔裝飾的權杖和青銅人像，玉石製作的璋、琮、璧、瑗，還有成堆的巨大象牙。這讓我們看到了一個擁有高超工藝但審美獨特的國家——古蜀國。

一號祭祀坑　　　　　　　　　　二號祭祀坑

　　漢代的《蜀王本紀》（公元前 53－公元 18 年）和晉代的《華陽國志》（348－354 年）是目前已知最早對古蜀國王記載的文獻，其中提到了古蜀國的五位先王，分別是蠶叢、柏灌、魚鳧、杜宇（號望帝）、鱉靈或開明（號叢帝）。我們也許對古蜀國並不了解，卻也聽說過他們的名字。在李白的《蜀道難》中，

先是感歎：「蜀道之難，難於上青天！」接下來就說道：「蠶叢及魚鳧，開國何茫然！」這位唐代大詩人完全無法想像這兩位古蜀國的先王在此處創立國家時的景象。李商隱的《錦瑟》中也有「莊生曉夢迷蝴蝶，望帝春心託杜鵑」一聯。《蜀王本紀》記載：杜宇當上蜀王以後，稱號改為望帝。當時古蜀國時有水患，望帝沒有辦法治理，而丞相鱉靈（《華陽國志》記載為開明）善於治水，於是望帝就如同堯禪位於舜一般，將王位禪讓給鱉靈。望帝禪位後至西山隱居時，傳來滿山杜鵑鳥叫，蜀人聽到杜鵑的叫聲懷念望帝，十分悲傷。後蜀地傳說望帝死後化成杜鵑，每到春天便日夜啼鳴，催促人民春天耕種，不誤農時，以致啼出血來。這才有了「望帝春心託杜鵑」一句。

不同的文獻記載蜀王的名字略有不同，卻都帶有動物或植物的痕跡。我們甚至可以從這些蜀王的名字上看出他們的功績和成就。比如蠶叢的功績是「教民蠶桑」，魚鳧的功績是「教民捕魚」，鱉靈有治水之術，杜宇「教民務農」，最後也化作了杜鵑鳥。而且文獻記載他們壽活百年以上，他們的極具特點的名字和超於常人的壽命，是他們已經被神化的表現。

以上是我們基於文獻記載和民間傳說對古蜀國的認識。三星堆遺址的發掘，為我們講述了更多古蜀國的故事，其中最重要的一點就是：古蜀國人從哪裏來。

從考古發掘的資料來看，在新石器時代成都平原上存在着一羣人，他們使用的陶器與湖北省的屈家嶺、石家河文化十分相近，連築造城牆的技術也是一樣。所以可以推測 4500 年前，長江中游地區的一羣人遷徙到了成都平原上，開始在這裏生活居住，延綿繁衍了將近 1000 年，形成了這裏的土著文化，考古學按這種文化的第一個發掘地的名稱，將它命名為寶墩文化。這時中原地區正是商代早期。

三星堆青銅尊（上）與商代青銅尊（下）對比

　　僅僅半個多世紀後，這片土地上的文化發生了巨大進步。以廣漢三星堆文化為代表的古蜀文化展現出了複雜而奇特的面貌。三星堆文化的陶器還基本保持着成都平原的土著文化面貌，只有少量器型來自於周邊的地區。原有土著文化中並沒有玉禮器的出現，而三星堆祭祀坑中出土有璧、琮、圭、璋，他們與夏商王朝的玉禮器完全相同，顯然是受到了中原文化的影響。青銅器中的文化內涵也能看出這種影響。三星堆遺址出土有長方形鏤空的銅牌飾，與二里頭文化的綠松石銅牌飾非常相似。可以確定，蜀地並不像李白所說「爾來四萬八千歲，不與秦塞通人煙」，而是在夏王朝時期，蜀人就已存在並和中原文化有所聯繫。到商周時期，這種聯繫愈發深入和多樣。比如三星堆出土的青銅器中有很多尊，從紋飾到器型都與商代殷墟青銅禮器如出一轍。蜀人還從中原學習了夯築城牆的技術，用來修建古蜀國的都城。如今幾千年前的城牆已大多坍塌，只留下城牆拐角處的三處夯土殘垣，後人將這三個起伏相連的土堆稱之為「三星堆」，此地的文化也被稱之為「三星堆文化」。用古蜀人遺留的城牆來命名古蜀人的文化，這是一種多麼有趣的歷史巧合。

被砸毀的青銅大立人像

三星堆青銅牌飾（左）與二里頭綠松石青銅牌飾（中、右）對比

　　總體來說，無論是當地土著的寶墩文化，還是中原的夏、商文化，它們都影響着古蜀人，卻都不是古蜀人的主體文化。帶有巨大眼睛的人頭像、青銅面具和停有神鳥的青銅神樹才最能展現蜀文化所獨有的文化面貌。三星堆發現的兩個祭祀坑幫我們描述出了蜀文化的概況：在相當於中原商代的時候，古蜀人從岷江上游遷徙到成都平原上，他們擁有一種獨特的神巫信仰，崇拜巨目、鳥、魚和樹。他們會製作精美的青銅器和金器，也用這些珍貴的器物祭祀。來到成都平原後，他們開始學習農耕，並融合了本土土著文化中的實用器和中原文化的宗教祭祀傳統，形成了特有的古蜀文化。

三星堆玉璋（左、中）與商代玉璋對比

　　可是三星堆祭祀坑中的珍貴器物上有明顯火燒和被故意砸毀的痕跡，這些與神巫祭祀有關的精美禮器，是因為某種原因被人為敲碎、砸扁又經過火燒後，扔進草草挖掘的淺坑內埋葬了。出土時，巨大的青銅立人像斷為三節，幾座青銅神樹被砸毀得無法修復，玉禮器被煙火熏黑，青銅尊裏盛放着被火燒過的玉石器和海貝。到底是古蜀國內部發生了王權的更替，還是因為某種原因被迫遷都，抑或蜀人每次祭祀後都要毀掉這些禮器？具體原因我們不得而知，只能猜測。也許，未來更多的考古發現會告訴我們答案。

三星堆青銅神樹

生命之樹

三星堆青銅神樹

館藏：三星堆博物館
出土：四川省廣漢市三星堆
年代：古蜀文明

　　三星堆遺址發掘現場超出所有人的預料，看情形，似乎 3000 年前這裏的一切都被砸爛燒毀過，彷彿已經完成了一場涅槃。二號祭祀坑出土了幾百塊青銅碎片，這些留在人間的片段，還能拼貼出那個世界的一絲端倪嗎？

　　三星堆文物修復團隊歷經八年，拼接出 3000 年前這裏最大最完整的一件青銅器，當它呈現之時，新的謎團又接踵而至。

　　器物所要表達的意圖完全超出人們的經驗。眼前這件青銅器殘高 3.96 米，由基座和主體兩部分組成。樹頂已殘缺，基座彷彿三座山相連，主幹三層，於山頂節節攀升，人們很容易聯想它是一棵大樹。

考古人員的修復工作

　　樹的樹枝分為三層，每層三枝，樹枝上分別有兩條果枝，一條向上，一條下垂，果托碩大。全樹共有九隻鳥，站立在向上果枝的果實上。

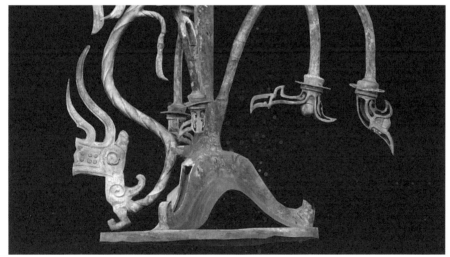

三星堆青銅神樹

　　再仔細觀察，我們可以看到它的非凡。一條龍沿主幹旁側而下，蓄勢待飛，不難想像它凌空飛舞的壯闊景象。這棵樹似乎並非生長於人間，也不

青銅神樹底座局部

僅僅是古蜀先民對自然的理解，不只是他們對鳥類飛過天際和在樹上棲息的觀察。幾棵樹也許象徵着九天，樹頂是否已經是九天之外？

　　神樹所蘊含的祕密可能還不止這些，從另一株至今只修復出下半段的青銅神樹底座，能看到更多隱喻和象徵。它的三面各有一跪坐銅人像，前臂殘缺，參照出土的其他青銅人物來推測，很可能是雙臂前伸手持禮器如璋、琮等，表現祭祀儀式的情境。

亞述「聖樹與翼日盤」
古代鳥與太陽頗有關聯，所謂「翼日盤」，即是鳥與太陽結合的典型圖樣，揭示出宇宙樹與太陽的密切關係。

北非腓尼基圓筒形印章上的「聖樹與太陽」紋飾
該印章圖像特徵是樹頂上方懸有翼日盤，表徵樹具通天之功用。

三星堆出土的其他青銅器，同樣證實了古蜀先民非凡的創造力，還有他們不斷試圖溝通天地、認識宇宙的可能。這些符號與青銅神樹一樣，也許都來自一場儀式。這些也許超越了他們日常可見的形象，因此成為符號，成為擁有去往另一個維度和時空的神祕力量。

在全世界各大文明的神話中，大樹都是天地之間的靈物。歷史、文明、想像，似乎都是以一種相同的方式構建起來的，這種連接方式就如同樹狀結構。

樹立天地。生命之樹成為人類一個古老的象徵。

西亞米坦尼印章上的「日—樹」紋飾
該印章圖像特徵是樹形物上方懸有翼日盤，提示樹有通天之功用及樹與太陽的關係。

神樹上的太陽紋

二號神樹底座

神樹

　　樹，直立挺拔，枝葉茂密，又擁有比人類更長久的壽命，所以被人們所崇拜。

　　三星堆祭祀坑內，出土有許多青銅樹的殘損部件，最終能確認的有六株。經過考古工作者多年的復原工作，一號青銅神樹體量巨大，造型獨特，是古蜀文明最具代表性的文物之一。

　　通過觀察這六株神樹，會發現它們都帶有通用的特徵：底座為三個相連的拱形，其上為直立挺拔的樹身。樹身與樹枝處有火焰紋托盤相連，與太陽紋飾相似，樹枝或上或下彎曲，枝頭結有果實，還停落有神鳥或人面鳥身的神靈。這些形象組合成古蜀人心目中的神樹，而一號神樹的樹身上還盤旋了一條龍，更加證明了這株神樹崇高的地位。

祭山圖玉璋及線圖

在二號神樹的底座上，三個連拱形上裝飾有雲氣紋和「⊙」紋，每個拱形前各有一個跪坐人像，可惜巫師手部已殘缺。結合三星堆出土的一件刻有紋飾的玉璋，我們可以還原出更多內涵。這柄玉璋長達半米，很薄，手握的一端較窄，有穿孔，另一端斜平。玉璋兩端用線條描繪出了祭祀場景，畫面以中間的勾連紋分為上下兩組，凸起的連拱形圖案內裝飾紋飾與二號神樹底座完全相同。上層巫師頭戴平頂冠，雙手抱握站立；下層巫師頭戴山形的頭飾，雙手抱握，兩腿外撇地跪拜祭祀。《周禮·考工記》中記載：大璋、中璋長九寸，是天子巡視天下時祭祀山川的禮器。這件玉璋比周代規定的九寸大璋還要長，其上刻的正是古蜀國人的「祭山圖」，裝飾有「⊙」形太陽紋和雲氣紋的連拱形就是神山。三星堆遺址中出土眾多玉璋，還出土有巫師持璋跪地祭祀的青銅像，證明古蜀人對神山的敬仰和熱愛。生長在神山之上的神樹，也成了蜀國人崇拜的對象。

中原的神話和文獻中記載了許多神樹，有「扶桑」「若木」「建木」等。曾侯乙墓中出土有一件黑漆衣箱，上面繪製了戰國時期關於太陽、月亮的神話故事。其上繪製了兩棵樹，高者有十一根枝條，矮者有九枝。每個樹枝頂端都有一個發光的太陽紋，樹枝頂端還停留有兩隻巨大的神鳥。兩棵樹之間有一人持弓發箭，從樹上射下一隻巨鳥。這幅畫取材於「后羿射日」的神話故事，結合《楚辭》《淮南子》等書的記載，與三足烏、太陽有關的神樹名為「扶桑」。後人在對《山海經》的註釋中還記載：太陽從東方升起，停留在東海的「扶桑」之上，傍晚至西方落下，停留在西極的「若木」之上。所以有學者推測，三星堆這棵有太陽紋飾裝飾、又停留有鳥的神樹就是「扶桑」或者「若木」。

傳說「建木」生長於天地之中，高百仞，是溝通天地人神的橋樑，伏羲、黃帝等上古君王都是通過「建木」這個神梯往來於天庭與人間。而攀附在一號青銅神樹上的龍，也許正是蜀王或巫師往來的坐騎。因此，三星堆神樹也有「建木」之說。還有學者認為，這棵青銅神樹描繪的是古蜀人眼中的宇宙，是他們世界觀的展現。雖然三星堆青銅樹的原型及內涵有眾多說法，它是古蜀國的神樹這一點卻毫無爭議。

三星堆青銅持璋人像

曾侯乙墓漆衣箱上的扶桑樹

　　到了東漢時期，大中型墓葬中開始出現一種青銅樹狀的陪葬品。陶製或石製的底座頂端開有插孔，上面插有青銅鑄造的樹幹，高達 1 米有餘，樹幹上分多層插掛青銅葉片，葉片設計得華麗而繁複，其上站立不同人物和神獸，還無一例外地掛有方孔圓錢，樹頂多立一隻尾羽華麗的神鳥，可能是鳳凰或者朱雀。青銅樹的底座或為野獸奔跑的仙山，或為造型獨特的神獸。我們不知道古人是如何稱呼這種神樹，而如今站在它的面前，繁密茂盛的枝條上掛滿銅錢的景象令人震撼，被人們俗稱為「搖錢樹」。

　　有趣的是，這種「搖錢樹」分佈地區正好與古蜀文化位置吻合。目前出土的「搖錢樹」主要位於四川省，臨近四川省的雲南、貴州、湖北西部等地區也有分佈。這也許不是一個巧合。「搖錢樹」上的方孔圓錢源於春秋戰國時期，當時各國使用不同形狀的錢幣，自秦始皇統一六國後，將秦半兩作為統一貨幣，從此方孔圓錢這種形制的貨幣成為中國古代錢幣固定樣式，延續

三星堆博物館藏漢代搖錢樹

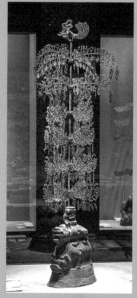

搖錢樹的錢幣上帶有光芒

了兩千年之久。中原地區正處於商王朝時，以四川為中心的西南地區就已經存在以樹為崇拜對象的文化傳統。秦朝之時，始皇為求長生不老，廣派方士至傳說中的蓬萊、方丈、瀛洲三座仙山尋求仙藥。有漢一代，繼承了楚國敬

搖錢樹上的佛教形象

鬼修仙的風氣，人們認為人死之後靈魂會通天升仙，神樹便展現出它連接天地的階梯作用。「搖錢樹」上多有民間崇拜的西王母形象，到東漢後期還出現了剛剛傳入中國的佛教形象，西王母是執掌不死之藥、主人壽命的至尊之神，佛教倡導死後通往西方極樂世界，這些形象更加突出了墓葬中神樹的升仙功能。加之四川盆地物產豐富，經濟發展也刺激了人們對金錢財富的追求，神樹也開始掛滿錢幣。

用世俗的眼光看，滿樹的錢幣代表墓主人對財富的追求。但仔細查看，就會發現每個錢幣的邊緣都有四射的光芒，它的原型還是停歇在樹上的太陽。仙山、太陽、神鳥和仙人，東漢時期四川地區獨有的搖錢樹的構成元素，與三星堆青銅神樹如出一轍，它們表現的都是「通天升仙」這一主題。只是東漢時期的民間信仰複雜、裝飾風格多變，將神樹逐漸世俗化了。

太陽神鳥金箔

照耀古今的光芒

太陽神鳥金箔

館藏：三星堆博物館
出土：四川省廣漢市三星堆
年代：古蜀文明

　　眼前晃過的這道耀眼的金芒，彷彿普照大地的神靈。一晃，離我們 3000 年前的太陽神鳥，已經近在咫尺。

　　它是四川金沙遺址中最令人驚豔的形象。這是一張外徑 12.5 厘米，厚僅 0.02 厘米，含金量高達 94.2% 的金箔。

　　它是人類的生命之光。全世界五大古代文明的發源地，都無一例外地出現過太陽崇拜。

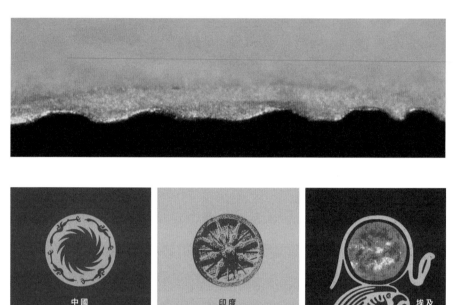

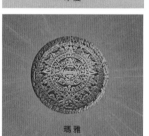

中國　　　印度　　　埃及

希臘　　　瑪雅　　　**五大文明中的太陽崇拜**

這輪可以放在手掌上的太陽，自始至終都是個謎。有人說，旋轉的火球是太陽神，四隻鳥是太陽神的四位使者，寓意東西南北四個方位。有人說，旋轉的火球是太陽，四隻鳥是托負太陽在天上運行的神鳥，講述着中國金烏負日的古代神話。有人說，四隻鳥首尾相連，循環往復，代表四季，十二道太陽金芒代表十二個月。四和十二都暗合着天數，自然送給人類的禮物，被古蜀人用世界上最珍貴稀有的金子，在一個巴掌大的地方勾畫出了古蜀人的宇宙印象。

太陽神鳥金箔中的四個方位　　　　　　　　　　　太陽神鳥金箔中的四與十二

太陽照耀着古蜀大地，特殊的地貌造成特殊的氣象，古蜀先民從微妙的自然現象裏去解讀太陽和季節運行的規律。古蜀人所創造呈現的形象，早已超越肉眼所見。它是一種符號，一種象徵，指代想要呈現的神聖事物。眼形器、鳥形器，其實都與太陽有關，是古蜀人對光的理解和對大自然的認知。這與年代更早的三星堆似乎如出一轍：太陽輪、鳥、眼睛等等，都是不斷出現的和太陽相關聯的符號。這些像陽光一樣散發着璀璨光芒的金器，彷彿是金沙人最迷戀的聖物。

青銅小立人

鳥

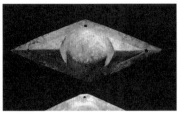

眼形器

太陽輪

　　這裏是太陽神鳥金箔的發現地。據專家們分析，這一帶應該是專門用於祭祀的濱河場所。九個呈方形、排列整齊的大型柱洞，很可能是承托祭台之用。周邊一個又一個祭祀坑，放滿了成堆的巨大象牙，還有鹿角、野豬獠牙以及玉器、金器、石器。這是 3000 年前河邊的一場盛大的祭祀，這些財富並非是獻給人的，而是獻給自然的。

金喇叭形器

金冠帶

祭台

中國文化遺產標誌

　　當人類逐漸遠離了神巫世界之後，就再也無法破譯太陽神鳥金箔的真正含義。

　　2005 年，太陽神鳥從 1600 餘件候選圖案中脫穎而出，被選為「中國文化遺產標誌」，成為數以萬計的中國文化遺產的代表和象徵。

　　太陽神鳥，20 克黃金裏的宇宙。在這 0.02 厘米厚度記錄的宇宙時光裏，我們如一粒微塵般存在。

古蜀文化中的眼睛

　　古蜀文化最引人矚目的便是各種形態的「眼睛」。無論是青銅面具上突出眼眶二三十厘米的眼睛、青銅人像上的杏核大眼，還是包括有完整、一分為二、一分為四多種形態的眼形器。就連「蜀」字的上面，都是一個大大的眼睛，在甲骨文中尤為明顯。這些誇張而巨大的眼睛，構成了古蜀文化特有的眼睛崇拜。

甲骨文　蜀字　　　　　　　　　　　　　　眼形器

　　關於這種眼睛崇拜的來源，有一種說法是蜀人對巨目的崇拜來自於蜀國先王中的蠶叢。《華陽國志》記載：「蜀侯蠶叢，其目縱，始稱王。」以致蠶叢死後，蜀國之人將其墓葬稱為「縱目人塚」。後世學術界一直在爭論何為「縱目」，大多猜測是豎着生的眼睛。直到發現了三星堆遺址，才知道「縱目」是指青銅面具上如圓柱般高高凸出的眼睛。而在三星堆出土的眾多青銅面具中，擁有「縱目」的銅像是體積最大的，顯示它特殊的地位。縱目面具，甚至古蜀人的眼睛崇拜，可能是將先王蠶叢特點的誇張放大，用作祭祀和崇拜的神像。

縱目形面具器

　　結合三星堆出土的另一件縱目面具，它的前額處伸出長而捲曲的夔龍形裝飾。《山海經‧海外北經》中記載一位神人名叫燭龍，他「人面蛇身而赤，直目正乘」。燭龍的眼睛是直目，也就是縱目。關於燭龍最重要的記載是：當燭龍閉上眼睛時，天下便是黑暗，他睜開眼睛時，天下一片光明，這似乎是太陽的能力，也是眼睛崇拜的力量。古蜀的人們用眼睛來代表太陽和光明。他們的神明或者祖先就擁有不同常人的巨大眼睛。銅像中巨大而突出眼眶的瞳仁，表現這個神明具有控制光明的神力。古蜀文明中的縱目青銅面具也許與燭龍崇拜有關。

西周青銅盉上的獸目

金沙遺址出土青銅眼形器

帶冠縱目面具

　　古蜀人對眼睛的崇拜從三星堆遺址一直延續到金沙時期。這時候的古蜀人不再追求突出的眼球，轉而變為平面的造型。金沙遺址出土的青銅眼形器，瞳孔變為圓形，內眼角勾回明顯，外眼角向上挑出，這樣的造型顯然是受中原的獸面紋的影響。金沙時期，古蜀人與中原溝通往來密切，對外來藝術形式也有較高的接受程度。

古蜀文化中的金器

　　古蜀人喜愛金器，他們將純金捶拓得很薄，延展成厚度只有 2-5 毫米的金箔或金片，再如同剪紙一般剪出想要的形狀，有的還在表面鏨刻花紋。除了著名的太陽神鳥金箔外，還有蛙形金箔飾、金面具、金權杖、金冠帶、金喇叭形器等。

　　黃金作為珍貴的金屬，產量很少，所以佩戴金面具的青銅人像一定具有更崇高的身份和尊貴的地位。在三星堆遺址出土的 57 尊青銅頭像中，只有

4 尊裝飾有金面具。金沙遺址中青銅人像和麵具數量已遠不如三星堆遺址，但出土了兩件金面具。其中較大的一件寬 19.5 厘米、高 11 厘米，與三星堆遺址出土的青銅人頭像大小相當。造型也保持着三星堆時期的造型，同樣有粗厚的眉毛、菱形的眼廓、雙耳有巨大的穿孔。而小金面具尺寸相差很多，只有 4.9 厘米寬、3.9 厘米高，這件金面具眉毛彎而細，從方闊臉型變成小而圓的下巴，眼睛的輪廓變成了橢圓形，耳朵上也沒了耳洞。如果說古蜀文化一直以先祖或國王形像作為面具的原形，那麼這件小金面具外貌的改變，也許暗示了權力族羣的變化。

大金面具　　　　　　　　　　　　　　　小金面具

　　雖然沒有古蜀人信仰的文獻資料，但太陽神鳥金箔上鏤空了四隻飛翔的神鳥和有十二道光芒的太陽，正和中原地區的「日中有踆烏」文獻記載對應。中原地區的民間信仰中，普遍相信太陽是靠三足烏背負在天上運行，即「金烏負日」的傳說，三足烏或金烏就成了太陽的別稱。而關於月亮的傳說卻有很多種，有的傳說月亮是靠白兔馱負運行，便有了「烏飛兔走」這個形容日夜交替、光陰流逝很快的成語。還有的傳說認為月亮中的動物是蟾蜍，嫦娥奔月後居住的場所也被稱為「蟾宮」。而古蜀文化也出土了八件蛙形金箔飾，只是不知它們最初是作為何物的裝飾。按照中原的風俗，也許它們是與太陽神鳥金箔對應的、古蜀人祭拜月亮的禮器。

嫦娥奔月　漢畫像磚

　　在三星堆的祭祀坑中發現有一個長條形的金片，出土時已扭曲變形，被壓在其他器物之下。經過修復整理，才發現它的重要意義——這是一根世界上最早的金杖。

　　這件金杖是把捶打得很薄的金片包裹在木杖上製成的，木杖經千年已碳化成木屑，只留下表面的金片。經過復原，金杖長 143 厘米，直徑 2.3 厘米，用金 463 克。

金沙遺址出土蛙形金箔飾

在金杖的表面鏨刻有精細的紋飾：人面像頭上戴着五齒高冠，耳洞下垂着三角形的耳飾，整個造像與青銅大立人相同。上方兩隻鳥頭部相對、下方兩條魚背鰭相對，鳥紋上疊壓着一支帶有尾羽的箭，箭頭深深地插入魚頭內。頭戴冠的人頭像與三星堆出土的其他神像類似，應該是表現某位祖先或神靈。金杖上雕刻的魚紋和鳥紋，有的學者認為這是蜀人對魚和鳥的崇拜，可能與古蜀王「魚鳧」有關。還有的學者認為魚頭被箭插入標明了魚和鳥的對立關係，有可能是古蜀國兩個不同氏族發生了戰爭。

三星堆金杖出土現場　　　　　　　　　　三星堆金杖紋飾線描圖

　　有趣的是，2001 年在金沙遺址祭祀坑內又發現了一件金帶，其上的紋飾與三星堆金杖基本相同。經修復後，金冠帶寬 2.8 厘米，全長 61.5 厘米，圍成金圈後直徑只有 20 厘米左右，不能作為腰帶使用，專家們推測應當是戴在頭上的金冠帶。這件冠帶很薄，結合三星堆和金沙出土的金面具都是附在青銅人像上的裝飾，這條冠帶應該是古蜀國王頭冠上附着的黃金裝飾。

　　金沙遺址金冠帶的魚、鳥、箭三種紋飾的組合與三星堆金杖紋飾內容相同，只是金冠帶上出現一種抽象紋飾，有學者認為它是人面紋，用兩個同心圓圈紋表示頭部，其中小圓圈和上下短橫道代表人的五官；或者這是太陽紋的另一種表現形式。這兩件金器向我們透露出這樣一個信息，即三星堆遺址與金沙遺址的統治者在族屬上的同一性或連續性。三星堆古城廢棄後，古蜀人開始遷徙到成都附近居住，形成了以金沙遺址為祭祀區、十二橋遺址為宮殿生活區的古蜀國晚期文化。

大克鼎
一本打開的青銅之書

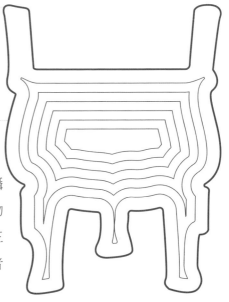

大克鼎

館藏：上海博物館
出土：陝西省寶雞市扶風縣
年代：西周孝王時期

上海博物館內，一場特殊的拍攝正在進行。三維全息攝影，採集文物的完整信息，並依此建立超高清的三維模型，許多正常視角無法看到或者忽略的細節，將被一一呈現。

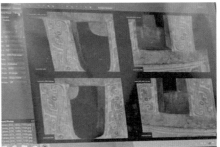

釋文：
穆穆朕文且師華父，恩襄（讓）乎心，寧靜於猷，淑哲乎德。

大克鼎——上海博物館的鎮館之寶，鼎高 93.1 厘米、口徑 75.6 厘米，重達 201.5 公斤。然而，它的價值並非由於巨大的體量，或者古樸的造型，而是藏在內壁上的神祕的文字。它們將引領我們閱讀周王朝。

「端莊美善、文采斐然的我的祖父，沖和謙讓的心胸，淡泊寧靜的神思，清純智慧的德性……」這本青銅鑄造的書，以讚美之詞開場。一個叫作克的貴族，剛剛接受周王的官職任命，而這項任命得益於祖父當年輔佐周王的功績。西周時期的官職採用世襲制，青銅器上往往可見讚美祖先功績的文字。這種習慣正是出於禮儀的要求，所謂「藏禮於器」。

鐘鼎文

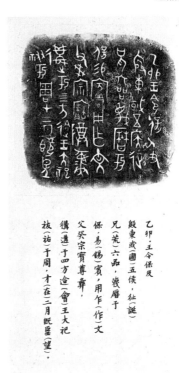

乙卯，王令保及

殷東或（國）五侯，征（誕）

兄（荒）六品，蔑曆于

保，易（錫）賓，用乍（作）文

父癸宗寶尊彝。

遘（遘）于四方迨（會）王大祀

祓（祜）于周，才（在）二月既望（望）。

保卣及銘文拓片

　　鼎在周代是最重要的禮器，皇室和貴族常把重要的事件鑄刻在鐘、鼎
等青銅器上，這種文字被稱為「鐘鼎文」，也叫「金文」。這些鐘、鼎就是
一本本記載歷史的青銅之書。

釋文：
易女叔市、參同（絅）中悤。易女田于野，易女田于渒，易女井家匃田于畞，以氒臣妾。

釋文：
克拜稽首，敢對揚天子不顯魯休，用乍文且師華父寶彝，克其萬年無疆，子子孫孫永寶用。

大克鼎的內壁鑄有金文 290 個字，這些字跡讓久遠的年代逐漸清晰起來。王說：「賜給你紅色的祭服，賜給你野地的田，賜給你耕種的田，還有土地上的奴隸。」大克鼎的內容涉及西周官制、禮儀、土地制度。它是一本青銅之書。

大克鼎除了歷史價值，在中國書法史上也具有很高的地位。西周時期，青銅技術精湛，銘文能夠充分體現書法的筆意。大克鼎 290 個字，字跡清晰，典雅整瞻，是西周晚期具有代表性的金文字體。在銘文的最後，克再三祈願：「天子的美意，祖先的恩澤，萬年無疆，子子孫孫，永遠享用。」但永遠只是一個美好的期盼，大克鼎鑄成不久，周王朝衰落。春秋爭霸，亂世之下，克的子孫又能去哪裏安身呢？

商鞅方升上的小篆

　　秦滅六國後，中國文字用小篆取代了金文。漢代以後，青銅器逐漸退出歷史舞台，青銅的書頁徹底合上，從此湮沒在歷史的塵埃中。直到 1890 年，大克鼎在陝西省扶風縣一處窖藏裏被發現，人們才知道，兩千多年前有一個叫作克的男人，因為祖父的功績被周王封了官，被賜予了大量的土地、衣服，甚至奴隸。在他人生的榮耀時刻，他感念自己的祖父，希望自己的子孫也能永遠享用這份榮光。

大克鼎

　　現藏於上海博物館的西周青銅器大克鼎，以其巨大宏偉的造型、流暢對稱的紋飾和字跡優美的銘文，成為該館眾多珍貴文物中的鎮館之寶，更與現藏於中國國家博物館的「大盂鼎」和台北故宮博物院的「毛公鼎」並稱「海內青銅器三寶」。在每一件珍貴文物的背後，都有屬於它的故事，而大克鼎的故事發生在西周早中期。

　　從大克鼎的銘文可知，該鼎是屬於一位名叫克的膳食官。銘文記載，克的祖父師華父協助周恭王整治政務，深得王室和百姓信任，即使去世後仍受世人懷念。周王念及師華父的功德，就任命師華父的孫子克為王官，擔任膳夫一職，並賞賜克禮服、很多田地和男女奴隸。

大克鼎

　　為了紀念天子的恩賜和祖父的功績，克特意鑄造了此巨大的青銅鼎，並在鼎裏鑄下銘文，以為記載。大克鼎的銘文內容分為兩段。第一段是克讚頌他的祖父師華父品德以及師華父輔協王室、安定內外等政績。第二段是記載克得享祖父的餘蔭，受周王任命和賞賜，為此製作大克鼎，使子子孫孫能記住天子的美意。

　　鼎是煮食器皿。但在西周時期，鼎不僅僅是生活工具，更是身份權力的象徵。西周貴族在生時守住他們擁有的青銅鼎，更在死後以青銅鼎陪同入葬，可見他們對鼎的重視。

　　相傳禹將天下分為九州，並以天下九牧所貢之金鑄成了九個大鼎，在各鼎刻有各州的地理情況，自此「鼎」成為王權的代名詞。根據西周禮樂制度，鼎可用於「明貴賤，辨等列」。《春秋公羊傳注疏》有「天子九鼎，諸侯七，卿大夫五，元士三」的說法，如果依從制度的話，只有諸侯地位才可以使用七鼎。

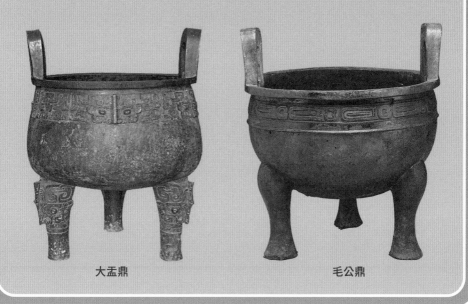

大盂鼎　　　　　　　　　　　　　毛公鼎

但是在出土文物之中，我們發現除了大克鼎之外，克還鑄造了七個小鼎和編鐘等青銅器。作為一名膳夫能擁有七鼎，身份尊貴可見一斑。學者認為西周早期和中期，列鼎制度仍未成為定制，時有同級的貴族擁有不同數量的青銅鼎，至西周晚期，列鼎制度才成為規範。膳夫克受到周王的賞識，賜予官職和田地，並能擁有七鼎，雖不是諸侯，也是地位不低的貴族。

此外根據銘文記載，克雖為膳食官，掌管天子的飲食，卻兼任起宣召王令等職務，膳食官雖為近臣，但負責飲食的臣子能傳達王令實為奇怪。有學者就認為「膳夫」也通「宰夫」，因此掌治朝之法、出達王令乃分內之責。

大克鼎上 290 字的銘文，除了告訴人們西周時期膳夫克的故事，也給學者提供了西周官位定制、禮樂制度、田地等信息，具有很高的歷史研究價值。關於西周時期大克鼎的種種故事，我們可以透過銘文去了解。至於近世的大克鼎，其流傳經過也十分傳奇。

大克鼎一般被認為是光緒年間在陝西寶雞任村出土。清代流行金石學，文人雅士以收藏和研究甲骨、青銅器的文字為興趣，咸豐二年考取探花的潘祖蔭就是其中之一。潘祖蔭多年收集的藏品非常豐富，除了青銅和甲骨，也有各種經典書籍，在他的收藏中，最有名的莫過於海內三寶之一的大盂鼎。饒是如此，潘祖蔭仍希望可以為他的收藏增添一筆，於是他積極搜羅，終尋到與大盂鼎體型相似的大克鼎。

潘祖蔭去世後，潘家一直為他守護着大盂鼎和大克鼎等珍貴文物，其間先有兩江總督端方對二鼎虎視眈眈，後有美籍華人以高價誘使出售，但都被潘家一一拒絕。20 世紀 30 年代，國民黨以開辦展覽會為名，要求潘家拿出兩口大鼎作為展覽品，企圖把二鼎收歸所有，但最終都被潘家化解。到了抗日戰爭之際，有感在戰亂之下，要保護兩口如此巨大的青銅鼎甚為困難，

潘達於與捐贈的大盂鼎、大克鼎

為避免文物受戰爭摧殘,潘家把兩口大鼎深埋在宅院之中。其間日軍曾到潘家搜查,但埋藏在地下的大鼎始終沒有被發現,得以保存。直到新中國成立之後,潘家的後人潘達於女士有感青銅鼎還是由國家保護為好,更可以讓人們觀賞到這些歷史文物之美,於是決定把大克鼎無私捐贈給上海博物館。

最初膳夫克為了紀念祖父和天子賞賜而鑄造大鼎,並期盼這口大鼎能讓「子子孫孫永寶用」。到清代大克鼎重見天日,歷經戰爭災害,全賴愛惜古物之人的保護,才得以保存下來。一口青銅鼎從兩千多年前保留到現在,實在不易。這口重達 201.5 公斤的大鼎,它的分量不止來自渾厚凝重的青銅,更是因為承載着古和今的歷史故事,並把故事一一帶到我們面前。

(連泳欣)

古滇國貯貝器

走下神壇的牛虎

古滇國貯貝器

館藏：雲南省博物館
出土：雲南省昆明市晉寧區石寨山
年代：戰國

　　這是一個血腥的瞬間，一隻猛虎用力撕咬着母牛的尾部，雖然有一對可以刺穿老虎的巨大牛角，但母牛還是隱忍着和老虎僵持。死亡顯而易見，牠要護住肚子下那頭天真的小牛。這是兩千多年前戰國時期雲南滇池撫仙湖一帶的古滇人在向神靈訴說的心願。

　　從戰國到漢武帝近五百年間，在雲南滇池附近存在着一個滇國。關於滇國，文字的記載寥寥可數，但通過出土的青銅器，人們可以觸摸到這個神祕的國度。

古滇國牛虎銅案

牛虎搏鬥貯貝器

　　這件青銅器叫牛虎銅案，是一個祭祀中擺放供品的禮器。作為溝通神靈的神聖之物，它表達了古滇人對生死的看法：死亡中孕育着新生，生命在不斷地代謝。這是對生命的讚美，對繁衍的渴望，對超自然力量的崇拜。如此深沉的情感，如此抽象的思考，表現得質樸、狂野。

　　幾百年轉瞬即逝，古滇國青銅器逐漸從神壇走向了人間。鑄造於西漢的貯貝器，牛與虎的故事還在上演，但結局已經完全不同。老虎的後腿被牛角挑穿，刺穿虎腿的牛，血脈僨張，神態威凜，圍堵老虎的牛警覺穩重，旁邊還有兩隻受驚的猴子和飛逃的鳥。

西漢　雲南晉寧石寨山出土的動物搏斗銅貯貝器局部

　　貯貝器是古滇國青銅器中的獨有器物，是滇王和貴族用來盛放海貝和珍寶的寶箱。鑄造「牛虎搏鬥貯貝器」的工匠，一定是個膽大心細的野外探險家，他觀察到自然界中弱肉強食的叢林生態，並把它照應到現實社會。彪悍的野牛把百獸之王逼入絕境，彷彿就是貯貝器主人征服勁敵、威震四方的寫照。

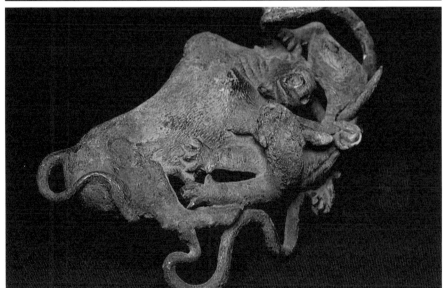

西漢　雲南晉寧石寨山出土的詛盟場面貯貝器局部

祭祀場面貯貝器局部

　　西漢以來，貯貝器上出現了大量現實生活的場景，祭祀、戰爭、狩獵，這些不僅是古滇人生活的縮影，更是滇王和貴族們權力的表現。幾百年間，那位膽戰心驚祈求神靈保佑的滇王，他的後代已經成長為自信高傲的君主。

　　雲南各處出土的貯貝器約有百件，隨着時間的脈絡，能清晰地解讀到古滇國青銅器從表達神性到表達人性的變化。東漢年間，古滇國滅亡，於是，青銅器與古滇國一起逐漸消失在了歷史的煙塵中。但即使是今天，如果你走在雲南的狂野山間，或在某個少數民族的旋律和舞姿間，仍能隨時感受到狂野、質樸的生命力。

知識鏈接

貯貝器

　　雲南地處我國西南高原地區，文獻中關於雲南「古滇國」的記載大都源於《史記・西南夷列傳》，內容僅涉及其在秦漢之際的政治記錄，如漢武帝賜滇王印等，最後古滇國消失在地方動亂之中。 1956 年，考古學家在雲南石寨山的一處墓葬中發現一枚西漢時期的蛇鈕金印——「滇王之印」，就此，沉默於寥寥文獻中的「滇國」進入人們視野。

石寨山型銅鼓

　　考古發現的古滇國青銅器具有濃厚的地域色彩和獨特的藝術風格，是我國青銅文明的一個重要組成部分。其中最富於特色的是表現祭祀、戰爭、播種、紡織、放牧、狩獵、舞蹈宴飲等立體雕鑄場面的銅鼓和貯貝器。銅鼓是我國西南最具有地方特色的青銅器之一。在西南早期先民的原始信仰中，擊鼓可通神靈，銅鼓早期是權力的象徵，後來演變成祭祀禮器。雲南省博物館館藏一件石寨山型銅鼓，年代為西漢時期，整個鼓的造型給人一種圓潤可愛的感覺；鼓面有發散的光芒太陽紋，一圈一圈的幾何紋飾給人一種宗教上的神祕感；鼓上部突出的胴部上有幾位古滇人，他們在船上奮力划槳，划累了還不忘帶上灶台和炊具搞點飯吃；鼓腰部被垂直的花紋帶劃分為若干方格，

格中常見羽人、牛、鳥，內容可能
與南方農耕民族祈年求雨的儀式
有關。學者推測釜是鼓的最原始形
態，考古出土的銅鼓有的鼓面也有
炊煙的痕跡，也許銅鼓除作為禮樂
器外，兼具炊器的功能？這樣看古
滇人有些實在得可愛了。

　　貯貝器，顧名思義，因為出土
的大部分此類器物中存放貝殼而
得名，但學者認為貯貝器更多的
是象徵意義，它代表着主人的財
富地位。經生物學家檢測，石寨
山發現的貯貝器中的貝殼屬環紋
貨貝，產自太平洋和印度洋，在
遙遠的年代，它們通過古老的商
路，越過山和大海來到內陸的高
原地區。貯貝器也是滇國特有的青
銅器，存在了大約三四百年，最後
隨着滇國的沒落而消亡了。貯貝
器蓋上面雕鑄的有戰爭場面中的
將領、監督紡織生產活動的貴婦
人等，內容極為豐富。中國國家
博物館館藏一件西漢時期的詛盟
場面貯貝器。詛盟為古代西南民

乳釘紋青銅方鼎

詛盟場面貯貝器

族中極為盛行的一種風俗，凡有重大事件都要舉行典禮、設立祭壇、供奉祭品，用盟誓來約束。這件貯貝器兩側趴着兩隻猛虎，底部也是獸爪形的足；器蓋上有一座干欄式房屋，房屋下的高凳上坐着一位主祭人，周圍放着 16 面銅鼓；除主祭人外還有各種人物 120 餘人，在這個典禮上各司其職，完成這個在他們心中神聖卻又有些許血腥的場面。

　　很多青銅器上裝飾動物造型或圖案，有的富於趣味，有的殘忍而真實。在動物圖像的表達中，牛和虎的造型佔很大一部分。牛，不僅展示着財富和地位，更是古滇人祭祀中的重要角色。牛形象經常出現在與財富權力或祭祀相關的器物上，如前文提到的銅鼓和貯貝器。除此之外，還有單獨的銅牛頭和表現野獸撕咬的銅扣飾。中國國家博物館的另一件藏品——七牛虎耳青銅貯貝器，同樣出土於雲南石寨山。貯貝器兩側依舊以兩隻猛虎作耳，器蓋上鑄七隻頂着巨角的牛，中間一隻牛佇立在銅鼓之上，仰天長嘯，器宇軒昂。雲南省博物館館藏一件戰國時期的立牛葫蘆笙，頂部的立牛的角又長又翹，整

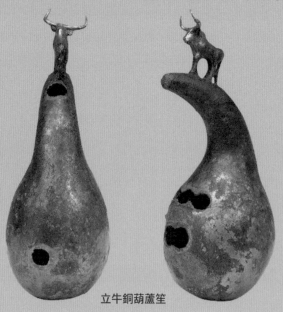

立牛銅葫蘆笙

青銅器上的饕餮紋飾

個造型顯得自然生動；拖着尾巴、扭着背部的小牛好像剛剛爬到葫蘆笙頂端一樣，十分可愛。學者認為這件古樂器的演奏方法應與現代葫蘆笙相同，今天的雲南，也有很多人以葫蘆笙作樂，載歌載舞。

古滇國還有一類表現猛獸搏鬥的青銅扣飾，造型生動，情景、場面都十分精彩。如雲南省博館藏的一件西漢時期的虎牛搏鬥扣飾記錄的是一個生死瞬間，猛虎咬住牛的前腿，牛角也刺穿虎的身體。將真實的自然重現在藝術品上是古滇國藝術家的審美與追求。自然、純粹的野性也許是這些動物造型器物的靈感來源。

相對於中原為人們所熟悉的青銅文明而言，雲南古滇青銅文明多立體造型，青銅多與宗教信仰有關。中原青銅文明意義在於政治統治，如周代用鼎制度的規定，「天子九，諸侯七，卿大夫五，元士三」；鼎還要分為用於烹煮的鑊鼎、盛熟肉的升鼎和放佐料的羞鼎，這些制度為的是突出一種原始統治力量。而且中原統治者喜愛營造一種恐怖的氛圍，用抽象的怪獸紋如饕餮紋，以生活中不存在的、具有像徵意義的怪獸形象去表達統治階級的威懾力。相對而言，古滇國青銅器多生活場景的再現，那裏的統治者似乎更喜歡寫實的社會生活和自然界中真實的野性。

（陳坤）

蓮鶴方壺

蓮花怒放　仙鶴欲飛

蓮鶴方壺

館藏：河南博物院
出土：河南省新鄭市李家樓鄭公大墓
年代：春秋

　　再也沒有誰比它更物如其名：一朵蓮，一隻鶴，組成了它的名字——蓮鶴方壺。仙鶴展翅，濺起的水波，驚動了蓮花綻放的花瓣，也驚動了千年時光的碧波，這是青銅時代的絕唱。

　　蓮鶴方壺是一件巨大的盛酒器。底座是兩隻側首吐舌的怪獸，壺體四面各有一隻神獸，壺頸兩側裝飾有龍形雙耳。它已經數千年不曾盛酒，但依然盛滿時光之酒的狂野，迷醉了此刻。

　　蓮鶴方壺很符合我們對商周青銅器的既有印象：猙獰恐怖，令人望而生畏。那時，青銅器是政治和權力的象徵，主要用於祭祀，需要具有極大的視覺震懾力。於是，現實中具有攻擊力的蛇、虎等，加上幻想中的翅膀、巨目，組合成當時流行的獸面紋、蟠螭紋。大睜着的獸目，彼此纏繞的無角龍，長有雙角、雙翼的怪獸，這些形象衝出了當時創作者最純真直覺的幻想，就像模板一樣，裝飾在當時各類青銅器上，把青銅器「打扮」得恐怖嚇人，以展示所有者的威嚴和地位。

　　然而，在這些怪獸和蟠螭之上，方壺的頂部向我們展示了另外一個世界：怒放的荷花中站着一隻欲飛的仙鶴。

蓮鶴方壺壺身的局部　　　　　商周時期的青銅器局部

　　蓮鶴方壺出土於鄭公大墓。兩千多年前的鄭國在《詩經》中是一個自由的存在。「山有扶蘇，隰有荷華」，大片盛開的荷花間，姑娘與小伙子含笑打趣，一切輕鬆而美好。也許當時當地的這種氣氛瀰漫成為鄭國之風，製造蓮鶴方壺的工匠將荷花盛開在青銅器上，凝重得以盛開成一種輕盈。

　　漢代以來，青銅器逐漸為鐵器、漆器和瓷器所取代，但是中國人對蓮與鶴的想像卻不曾停止。「出淤泥而不染」的蓮花進入了詩人們的詩行，成為品格的象徵。飛翔於天地之間的鶴飛進了神仙的傳說，成為能溝通天地的仙鶴。

北齊　仰覆蓮花尊　　　　　　　　唐代　銅鎏金蓮花

　　而春秋時期的蓮鶴方壺上，關於蓮與鶴的想像彷彿還處於萌芽時期，鶴還沒有佔據主體位置，普通人乍一看，以為上面站了一隻小鳥。

　　一隻小鳥，帶來一片天空，將碩大壺體的重量感化為流動飛揚，與前朝肅穆、莊嚴的青銅器區別開來，流露出驅陳納新的氣象。新與舊在一個壺體中融合，這也昭示着，脫胎於老成持重的西周，經歷大變革的東周，正在開始一場盛放，它展翅欲飛，抬頭仰望着此後兩千年中國的天空。

東周青銅器

春秋時期，周王室式微，各地諸侯野心勃勃，從此開啟了延續三百餘年的「大爭之世」。這種紛爭是為了生存，弱小就要滅亡，落後就要挨打，徹底的變革才能適應時代的變化。無論政治、經濟、軍事、文化，凡涉及社會生活的各個方面，都捲入到這場全面徹底的變革中。在這個權力鬥爭的殘酷時代，舊的文化制度崩潰了。西周等級森嚴的分邦建國制度變為了各國間的縱橫捭闔，強者稱霸。孔子將戰亂征伐的局面歸結於「禮崩樂壞」，試圖恢復西周的禮法、雅樂制度來維持舊的等級秩序。可惜大變革已經醞釀出文化的百家爭鳴，社會已經回不到舊時代了。

各個國家脫離了周王室的禮教束縛，青銅禮器的鑄造也不再由周王室獨攬。各地諸侯王開始大規模鑄造帶有本地風格的青銅，無論器型還是紋飾都開始有所改變，展現出各地不同的風格。

東周列國的青銅器按地區可大致分為幾大區域。黃河流域的齊、魯、燕、趙、漢、魏等為北方特色；江淮、漢水流域的楚、吳、越等為南方特色；四川巴蜀和雲南滇國的青銅器呈現出與中原截然不同的風格。這些風格差異來自於各地風俗文化的不同，與所處的自然環境有很大的關係。

各國青銅器造型和紋飾不再像西周那樣神祕猙獰，取而代之的是各國王室所喜愛的華美風格和寫實的世俗氣息。禮制沒落，各國開始不顧及周王那套按級別確定禮器、樂器規模的規矩，有的開始僭越地享用天子才能擁有的青銅器，有的乾脆將禮器變回實用器，回歸它們本來的面目，有的創造出更多新的器型。至此青銅器更多走進日常生活，造型風格也從厚重莊嚴轉變為簡樸輕便。

欒書缶

欒書缶

　　「缶」是盛裝酒水的容器，多是陶器，只有在大型墓葬中才出土有青銅缶。秦人喜歡在宴飲之時一邊擊缶打拍子，一邊唱歌。秦王澠池之會宴請趙王時，請趙王彈瑟助興並讓史官記錄下來，藺相如認為這有損趙王威嚴，就以性命相逼秦王擊缶，為自己的王扳回顏面。

　　這件缶上有五行四十字銘文，表明是子孫們為祭祀欒書所作。錯金銘文字形規整，至今熠熠生光。青銅器上的錯金工藝是春秋時期出現的新工藝，欒書缶便是目前能見到的最早採用這種工藝的器物。錯金工藝複雜，用更昂貴的金屬將讚頌祖先的銘文裝飾得非常奪目，表明製作者對祖先功績的尊敬和對這件器物的重視。但這件重要的青銅器竟然沒有任何紋飾裝飾，它拋棄了饕餮紋、夔龍紋等想像中的恐怖動物，也去掉了青銅器的神祕性。素面器形上只有實用的環形耳，這在商代和西周時很難想像，它展示了大變革時期的青銅器造型新範式。

王子午升鼎（附有匕）

王子午升鼎

多件造型、紋飾相同的鼎排列使用，尺寸一件比一件大，稱之為「升鼎」。在河南淅川下寺楚墓中出土了一套升鼎，按大小依次排列一共有七件。從銘文上看，這套升鼎屬於楚國的王子午。按照周王朝的列鼎制度，諸侯才能享用七鼎六簋。作為春秋五霸之一——楚莊王的兒子，王子午早已不顧及周代禮教。

只需一眼，就能發現王子午鼎與中原鼎有明顯的不同。兩個鼎耳向外撇出，旁邊是六條裝飾複雜的龍形怪獸，它們的角勾連交錯，立體感十足，是用失蠟法鑄成後焊接在鼎上的。王子午鼎雖然為圓形鼎，但它卻像方鼎一樣為平底。它也一改圓鼎能盛放食物的外鼓造型，採用了比口和底都窄小很多的束腰，如同被腰帶緊緊纏繞一般。《墨子》中記載，因為「楚王好細腰」，所以他的大臣們都束緊腰部，腰帶太緊以至於扶著牆壁才能站起來。以細腰為美的楚國風尚，也被用在了青銅器上。

王子午升鼎（5件）

王子午鼎銘文

　　王子午鼎上的銘文一改早期金文的厚重沉穩，採用了裝飾感極強的鳥蟲書。修長秀美又難以辨認的銘文、與中原完全不同的束腰造型、失蠟法這種新技術創造出的立體怪獸，這些都構成了極具楚國風格的銅鼎。隨着楚國國力的強盛，這種風格也影響了周圍的附屬國家。

　　鄭國地處中原腹地，土地肥沃，是周圍國家艷羨的對象。但是鄭國四周

沒有天險守衛，又處在周邊大國的夾縫之中，列強爭霸常常將鄭國當作戰場。楚國國力強盛之後覬覦中原，鄭國便成了楚國北上的必經之路。鄭國為求生存，政治外交上只能依附強大的楚國，有時也依附晉國。

蓮鶴方壺上也能看出鄭國對楚文化的歸順。壺底兩隻怪獸頭轉向一側，頭上有捲曲的角，眼睛突出，伸着長長舌頭，它身體蜿蜒扭曲，拖着一條尾巴，這是典型的楚國神獸造型，與河南淅川徐家嶺出土的楚國神獸如出一轍。而立於壺頂蓮花中的仙鶴，則代表了鄭國人對生活的熱愛，這是他們開啟的一種新風尚，也是那個百家爭鳴時代的絕佳寫照。

吐舌神獸

曾侯乙尊盤

複刻傳奇

曾侯乙尊盤

館藏：湖北省博物館
出土：湖北省隨州市擂鼓墩曾侯乙墓
年代：戰國

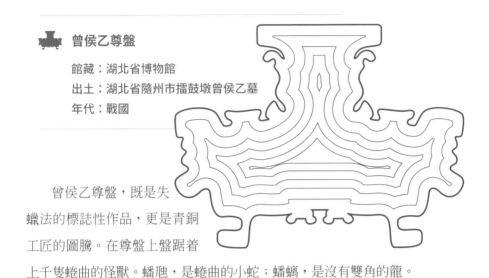

曾侯乙尊盤，既是失蠟法的標誌性作品，更是青銅工匠的圖騰。在尊盤上盤踞着上千隻蜷曲的怪獸。蟠虺，是蜷曲的小蛇；蟠螭，是沒有雙角的龍。

尊盤出土後，人們就它的製作方法產生了巨大的爭議。人們紛紛猜測兩千年前的工匠到底是用甚麼方法把它們組合在一起的。直到一名工匠經過二十年時間，用失蠟法成功鑄造了一比一的複製品後，尊盤的製造之謎才最終揭開。

曾侯乙尊盤局部

這名工匠，就是曾經參與曾侯乙墓發掘的工作人員黃金洲。

黃金洲說：「當時完全是憑興趣，失蠟法沒人做，我就開始順著這個思路，想來看看失蠟法是怎麼樣的。這麼多年，失敗真的有幾十次了，已經記不清了。開始就是用石膏搞一個大概的幾何形狀，陰刻刻成一個浮雕的石膏模型，定型了才開始再研究這個蠟模。」

從石膏到蠟模，這個過程雖然採用了矽膠這樣的現代材料，但是製作原理與古人並沒有本質區別。

黃金洲說：「我感覺到，從這個失蠟法可以看出，我們老祖先的智慧是太大了。每次做的時候我都在想，我現在用的工具都是電啊、烙鐵啊，那都不一樣，兩千多年前那個時候他們是怎麼做的呢？真是非常艱難，我對我們的老祖先真的佩服崇拜得五體投地，真是那樣的。」

古代沒有機床，無法直接在青銅上雕刻，只能採用中介物質：石蠟。石蠟比較柔軟，可以雕刻複雜的花紋，這是失蠟法工藝的開始。

蠟模雕刻完成，覆蓋三層石英砂，反覆持續兩天，形成堅硬的外殼。隨後，部件將進入火爐燒製，進入失蠟法最關鍵的工序。這就是失蠟法名稱的由來，蠟水流失，形成空腔，成為銅水的「血管」。工匠的巧思隨著看不見的脈絡，在重力的作用下緩緩遍佈空腔。當銅水凝固，厚厚的外衣逐漸剝離，尊盤的一個部件也就宣告完成。

一個小小的部件，即使是藉助現代工具，也需要經過一個月的時間才能臻於完美。難以想像，那位製造尊盤的人，是以一種怎樣的心境，怎樣的意志，完成了一件如此複雜的作品，讓兩千年後的人們瞻仰、讚歎。

雕刻石膏模

在石膏上塗矽膠

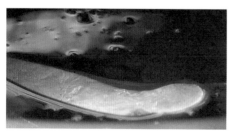

翻製矽膠模

融化蠟水，倒入矽膠模，翻製蠟模

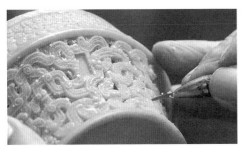

雕刻修整蠟模，組合成器

在蠟模外覆蓋耐高溫的石英砂加固

加熱，使蠟水流失，留下可以鑄造的模具

將融化的銅水灌入模具中，待冷卻後，敲開石英砂，取出銅器

曾侯乙墓

中國的史書上並沒有記載曾國，更不知道曾侯乙是誰。

春秋時期，吳王闔閭伐楚時，攻佔了楚國的都城郢都，楚昭王出逃。《左傳》中記載楚昭王「奔隨」避難，隨國不僅收留了楚昭王，還聯合秦軍護送昭王返回楚國。2013 年，在隨州文峰塔發現了曾侯與的墓葬，其中一件銅鐘上用179 個銘文記載了這一事件，正是這位曾侯乙的祖父曾侯與保護了楚昭王，同時也證實曾國和史書中的隨國是一個國家。從此曾國與楚國一直保持着良好的關係。「隨」是曾國的首都，史書中是以都名代替了國名，「隨」位於今天湖北省隨州市，這個名稱保留了兩千年之久。有些歷史已經被人們忘記，卻一直被保留在地名中。

1978 年，在湖北隨州擂鼓墩發現一座戰國墓地，這就是著名的曾侯乙墓。這不是普通的土坑墓，而是開鑿於紅色砂礫岩之間。在墓坑上安放的由珍貴的楠木板組成的四個槨室，高達 3 米多。槨內放置着墓主人的彩繪漆棺和他多達 1.5 萬餘件的各類隨葬品，其上也覆蓋着木槨頂板。木槨外填塞防潮用的木炭六萬公斤，木炭外分層夯築青膏泥、白膏泥，再鋪蓋 47 塊巨型石板，其上再夯築厚厚的泥土。經過這麼多步驟，才完成這費時費力的喪葬禮儀。

曾侯乙槨室全貌　　　　　　　　曾侯乙墓中室的青銅器

　　曾國的地理位置靠近楚國，又與楚國保持着世代良好的關係。深受楚國文化浪漫神祕之風的影響，曾國的青銅器也帶有楚國的裝飾風格。曾侯乙墓出土的列鼎平底束腰，兩耳外侈，蹄形足，鼎口邊攀附着多條龍形怪獸。這與楚文化的典型器——王子午鼎的形制基本相同，只是沒有王子午鼎繁複的紋飾。

　　曾侯乙墓中還有一件巨大而奇特的青銅器，它是由外套的青銅鑒和中心的青銅缶組合而成的。鑒和缶之間空間很大，用來放冰，冰鎮缶內盛放的是美酒，它們相當於最早的冰箱。冬天在冰凍的河面上開鑿巨大冰塊，拖入地下冰窖儲藏，到炎熱的夏天再拿來享用，這在周王朝，甚至到了民國時期，都是貴族和有錢人才能享用的。2008 年北京奧運會上，在「鳥巢」國家體育場中央，2008 人同時擊缶的聲音震撼全場。而這 2008 個缶的形象就來自於曾侯乙銅鑒。

曾侯乙冰鑒

曾侯乙鼎

2008 年奧運缶

　　曾侯乙應該是一名資深的音樂家，甚至是指揮家、作曲家。在著名的曾侯乙編鐘及鐘架上，共有銘文 3755 字，標明了鐘的編號、標音及樂律理論。標音的銘文記述了每一個編鐘不同敲擊位置所發出的聲音名稱，樂律理論不僅記載了曾國的樂律名稱，還記載了與楚、晉、齊等國家律名的對應關係。這些銘文類似一本詳細使用說明書，也是一部重要的音樂理論專著。「曾侯乙作持」這五個字的銘文表示編鐘的製作者和享用者。曾侯乙欣賞的音樂不僅僅只有編鐘一種聲音，而是一個龐大樂團的合奏。樂隊中有編鐘、編磬、鼓等打擊樂器，還有十弦琴、漆瑟等絲弦樂器，笙、排簫等吹奏樂器。金聲玉振，絲竹管弦，琴瑟和鳴，在這悠揚美妙的音樂中，用紅色的漆杯，品嚐

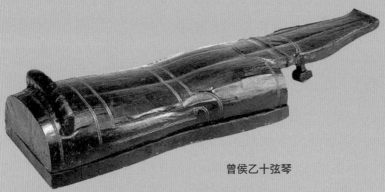

曾侯乙十弦琴

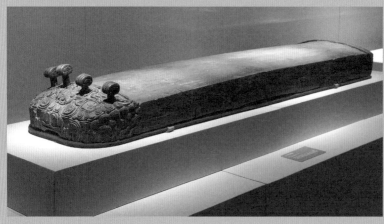

曾侯乙漆瑟

着銅鑒中的冰酒，吃着彩繪漆豆中盛放的食物，這就是曾侯乙的日常生活。

我們可以看到，曾侯乙墓中的陪葬品都有統一的楚國裝飾風格。漆豆頂部三條相互纏繞的龍紋和器耳的浮雕龍紋，冰鑒的八個龍形耳鈕和全身佈滿的蟠螭紋、蟠虺紋，雖然不是同一材質，都顯示出楚文化的繁複和神祕。但它們的裝飾的複雜程度還是不及曾侯乙尊盤。

商代時期的銘文是同青銅器一起鑄造而成，筆畫深且清晰，端莊厚重。而曾侯乙尊盤上的銘文是鑄造完成後刻上去的，筆畫淺細。銘文內容為「曾侯乙作持用終」，表明製作這件器物是讓曾侯乙永久享用。可是仔細觀看，會發現銘文中的「乙」字下有清晰的打磨痕跡。這說明原來的銘文被打磨掉後，再補刻的「乙」字。這件精美器物的真正所有者就成了疑問。有學者認為這組尊盤本是為曾侯乙的父親或祖父鑄造的隨葬品，但因為失蠟法工藝過於複雜，再也做不出如此精美的青銅器，曾侯乙將父輩或祖輩曾侯的名號打磨掉，將這對心愛的尊盤永久安放在自己身邊。

曾侯乙編鐘

越王勾踐劍

勝者為王

越王勾踐劍

館藏：湖北省博物館
出土：湖北省江陵縣望山一號墓
年代：春秋

在博物館，有兩把劍分別代表着勝利與失敗，一把屬於勝利者越王勾踐；另一把來自於他的一生之敵吳王夫差。

劍被譽為百刃之君，是因為它最適合一擊刺殺。它不像長矛那樣遠離敵人，也不能像刀那樣揮砍自如，更不會像棍棒那樣毆打弱者。一名偉大的劍客，只有把劍深藏在懷中，隱忍等待，當足夠靠近敵人的瞬間，突然出擊，刺出那決定勝負的一劍。以小博大、不欺老幼、善於忍耐，這既是劍的品格，也是君子的信仰。

生命是一片戰場，戰士都渴望勝利，因為失敗的代價難以忍受。

在漢代畫像石上，常常能看到劍客的形象。漆身吞炭的豫讓，孤膽英雄專諸，一諾千金的季札，怒髮衝冠的荊軻。視劍為生命的君子，從不在弱者面前耀武揚威。當利劍出鞘的一瞬，即使是萬乘之主，也會驚慌失措。

現在，讓我們回到最開始的那段故事——吳越爭霸。

吳越之戰

其實，夫差並不是天生的失敗者。他的父親被越王勾踐殺死，復仇的執念讓他發動了第一次吳越戰爭，在這次輝煌的勝利中，勾踐被圍困在會稽山上。一代越王匍匐在夫差的腳下，成為一名馬伕。三年的奴隸生涯，勾踐讓夫差徹底鬆懈，最終得到赦免。為了提醒自己不要懶惰，勾踐睡在乾草堆上，把苦膽懸在頭頂，時時品嚐。

勾踐的機會終於到來了，在吳王夫差陷入北方戰爭的時候，他突襲了吳國的都城，刺出了最致命的一劍。姑蘇城下，夫差成了戰敗者，他乞求寬恕，但勾踐沒有給他選擇的權利。

勝利者可以盡情裝飾自己的佩劍，那是屬於王者的尊嚴。在這柄銅劍上，鑄劍師採用了最上乘的材料，在沒有實戰價值的地方仔細打磨。劍身用錫金屬熨燙出菱形花紋，劍柄鑲嵌綠松石，底部的十一個同心圓整齊排列，讓兩千年後的數控技術都為之汗顏。

越王勾踐吞併了吳國，成為春秋時代的最後一位霸主。當他手握寶劍，登上諸侯會盟的王座的時候，他知道，所有的忍耐都是值得的。千軍萬馬在高呼萬歲，一生的死敵已成為塚中枯骨，作為天下最有權力的男人，他的佩劍當然要足夠炫酷，才能震懾住蠢蠢欲動的諸侯們。

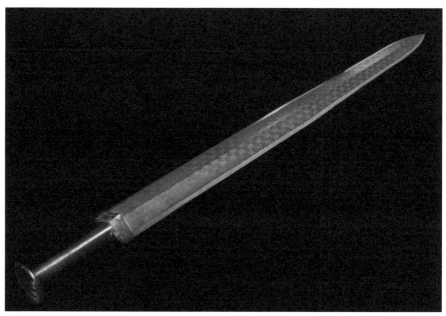

越王勾踐劍（上）與劍柄底部（下）

鳥蟲書

　　鳥蟲書是篆書中的一種，它在大篆的規範書體下，融合了一些動物形象，能明顯看出有鳥的嘴和長腿，筆畫如蟲蛇一般蜿蜒盤曲，還有的文字結合了魚的紋樣。鳥蟲書的字形多瘦長纖巧，裝飾性很強，但是很難辨認，即使識得篆書，也需要仔細地在鳥嘴蟲身中辨認字體的主要結構。鳥蟲書可以認為是最早的美術字體，開始盛行於春秋戰國時期的吳、越、楚、蔡等南方國家，在青銅器銘文上最為常見，其中以兵器上更多。

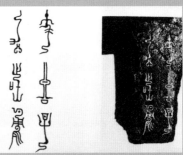

蔡公子加戈及銘文　　「蔡公子加之用」

　　越王勾踐劍靠近劍柄的位置，沿中間的劍脊對稱刻有八個鳥蟲書「鉞王鳩淺，自乍用鐱」，在刻痕內鑲嵌金絲後打磨平滑，就呈現出閃耀奪目的光澤。對這八個鳥蟲書的辨識並不容易，其中「鉞王」「自乍」「用鐱」六個字在以往考古發現的兵器中曾出現過，它們是古代的同音通假字，與現代用字有些不同。而最關鍵的兩個字——劍主人的名字卻無法識讀。結合史書，越國自公元前 510 年稱王起，經歷了九位君主，進過考古學家和古文字專家的研究，「鳩淺」即是「勾踐」的通假字，劍身的銘文用現代漢語釋讀即「越王勾踐，自作用劍」，這才確定了這把千年寶劍的主人。

釋文：
攻吳王夫差，自乍其元用

釋文：
鉞（越）王鳩淺（勾踐），自乍用鐱（劍）

　　按考古發現的兵器時間排列，吳王闔閭時代的鳥蟲書銘文出現最早，只用在劍、戈一類的兵器上。闔閭之前歷代吳王的劍、戈，未見鳥蟲書出現，說明那時尚未發明鳥蟲書。闔閭是夫差的父親，作為太子時期的夫差還用嵌金的鳥蟲書裝飾兵器，但他當政之後便不再使用。可能因越王勾踐殺吳王闔閭之後，套用吳國裝飾風格，用鳥蟲書製劍宣告勝利，夫差因父之仇而廢除這種字體。

　　鳥蟲書一直流傳至唐代，用途也從兵器銘文擴展到金石篆刻。在西漢，雕篆鳥蟲書的印章是學童必習的課程。《北史・李渾傳》記載，李渾對魏收言：「雕蟲小技，我不如卿；國典朝章，卿不如我。」在國家大事面前，雕刻鳥蟲書只是微不足道的技能。這便是「雕蟲小技」一詞的來歷。

劍客

劍客

賈島

十年磨一劍，霜刃未曾試。

今日把示君，誰有不平事？

劍在中國兵器中是一種特殊的存在，而用劍的人也具有不同於常人的氣質。打磨寶劍需要十年之久，自己也已經經過多年磨煉，身懷絕技，躍躍欲試，期盼能有明君識得自己的才能。唐代詩人賈島所作的《劍客》便藉描寫劍和用劍之人，抒發了自己的理想抱負。劍客一旦遇到賞識自己的賢德君主，便懷抱着「士為知己者死」的信條視死如歸，在歷史上留下俠義之名。

豫讓

豫讓最初在范氏、中行氏府中做家臣，一直默默無聞。直到他做了智伯的家臣以後，才受到重用，而且主臣之間關係很密切。公元前 453 年，韓、趙、魏三家聯手在晉陽之戰中攻打智氏，智伯瑤兵敗身亡。韓、趙、魏三家分割了智伯的土地，屠殺智氏家族二百餘人，天下震驚。

豫讓逃到山中，聽說趙襄子竟然將智伯的頭顱割下用來飲酒，悲痛不已，說道：「嗟乎！士為知己者死，女為悅己者容。今智伯知我，我必為報仇而死，以報智伯，則吾魂魄不愧矣。」

豫讓躲在趙襄子的宮殿內企圖刺殺，被趙襄子發現，感念於豫讓的忠心，趙襄子釋放了他。豫讓不死心，用漆塗身，弄成滿身癩瘡，又吞下火炭，弄啞嗓音。他的形象連結髮妻子見面也認不出來。之後他在街市上乞討，以伺機行刺趙襄子，可是又被趙襄子逮捕。臨死前，豫讓求得趙襄子衣服，拔劍擊斬其衣，以示為主復仇，然後伏劍自殺，留下了「士為知己者死，女為悅己者容」的名言。

季札

　　吳王壽夢有四個兒子，分別是諸樊、餘祭、夷昧、季札。其中最小的兒子季札賢明有德，被譽為聖人的孔子都非常仰慕他。壽夢想將王位傳給季札，但季札認為廢長立幼不利於朝政，也不符合禮教，堅決推辭，最後退隱於山水之間，整日耕種。壽夢只能將王位傳給長子諸樊，並囑託按照兄弟次序將王位傳遞下去，最後好把國君的位子傳給季札。

季札掛劍

　　季札出訪時路過徐國，徐國國君看到了季子佩戴的寶劍，十分喜愛。雖然他嘴上沒有說甚麼，但臉色透露出想要寶劍之情。季子看出了他的想法，心中已經決定，但因還要出使他國，還不能將寶劍獻給徐國國君。季子出使晉國返回後，徐國國君卻已經去世了。於是，季子解下寶劍掛在了徐君墓前的樹上。他的隨從勸阻他說：「徐君已經死了，這寶劍還要送給誰呢？」季子答道：「當初，我在心裏已經願意把劍給他了，怎麼能因為他死了而違背自己的諾言呢！」

　　1984 年安徽馬鞍山發現三國時期的朱然墓，出土有多件漆盤。這件漆盤中心繪製的就是「季札掛劍」的故事。盤心左方繪出墳和樹，樹上掛一把寶劍，中間穿紅袍者當為季札，他面向樹垂首直立，兩手舉於胸前，哀惋悲傷的神情被描繪得淋漓盡致，身後兩隨從在互相交談。畫面上部繪有山峰，山中也有兩個人在悄悄對語，人物腳下為兩隻相互逐戲的野兔。故事畫面外裝飾白鷺啄魚、童子戲魚，盤邊緣飾狩獵紋一周。這件漆盤堪稱三國彩繪漆器的代表作。

專諸

　　吳王壽夢死後，諸樊、餘祭依次都將王位傳給了自己的弟弟，但夷昧死後，他的兒子僚違背了兄位弟嗣、弟終長姪繼位的祖規而接替父位，因而本想繼位的公子姬光心中不服，暗中伺機奪位。

　　伍子胥將劍客專諸推薦給公子光，公子光相當厚待專諸，並尊敬專諸之母。專諸感念其恩，以死相許，但念老母在堂，對行刺吳王僚之事猶豫不決。其母知道事情后，為成全專諸自縊而死。專諸葬母後，便一心一意與公子姬光謀劃刺僚之事，並獻計說吳王僚愛吃「魚炙」（烤製的魚），可藏利劍於魚肚，伺機刺殺。為此，專諸特往太湖學燒魚之術，經過三年練得一手炙魚的好手藝。

　　時機成熟，公子光準備酒席宴請吳王僚。僚很謹慎，從王宮到公子光家都安排了自己的侍衛和親信，提防公子光的偷襲。酒喝到暢快的時候，專諸將魚腸劍藏進烤魚的肚子裏，然後雙手捧魚進獻到吳王僚的面前，趁勢掰開魚取出寶劍刺殺了吳王僚。吳王僚當場斃命，專諸也被王的侍衛殺死。公子光即位，即是夫差的父親吳王闔閭。

武梁祠畫像石中的「專諸刺王僚」

武梁祠畫像石中「荊軻刺秦王」

荊軻

　　「荊軻刺秦王」是中國人最為耳熟能詳的劍客故事，在漢代畫像石上屢屢出現。山東嘉祥武梁祠中就有兩幅畫像石表現這一故事。

　　燕國太子丹懼怕秦國滅掉自己的國家，懇請荊軻去刺殺秦王。但是如何接近秦王成為最大的問題。荊軻提議獻上秦王懸賞的樊於期將軍的首級和燕國地圖，一定可以得到秦王的召見。樊將軍聽到這個主意後，願意自殺幫助燕太子完成刺殺大計。荊軻唱着「風蕭蕭兮易水寒，壯士一去兮不復還」，同勇士秦舞（武）陽一起前往秦國。

　　荊軻先獻上樊將軍首級，獲得了秦王的信任，接着獻上地圖，在地圖全部打開後，荊軻抽出藏在其中的匕首刺向秦王。秦王張皇失措，連忙繞柱逃跑。護衛們連忙來攔截荊軻，秦王慌忙拔劍，終於拔出劍砍向了荊軻的大腿。荊軻情急之下將匕首扔向秦王，沒想到擊中了柱子。武梁祠中一塊有榜題的畫像石描繪了刺殺的關鍵情節。地上一個匣子內盛放人頭，榜題「樊於期頭」，畫面中間一個柱子上插匕首。柱左邊一人回首作驚避狀，榜題「秦王」二字。柱右邊一人怒髮直豎，雙手上舉作狂奔狀，右上榜題「荊軻」二字，荊軻被一個護衛死死抱住腰。荊軻前一人驚恐伏地，榜題「秦武陽」。

錯金銀銅版兆域圖

戰國「黑科技」

錯金銀銅版兆域圖

館藏：河北博物院
出土：河北省平山縣戰國中山王墓
年代：戰國

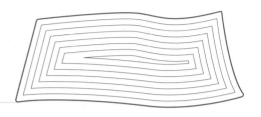

　　這是一塊遭受過火燒和壓砸的銅版。2300 年的光陰在它身上漫漶開斑駁的印跡，而金銀鑲嵌的線條依然規整。這是如今已知最古老的建築平面設計圖，設計了一位國王的陵園。王的名字叫厝（音同「錯」），他的國，是戰國時期的中山國。

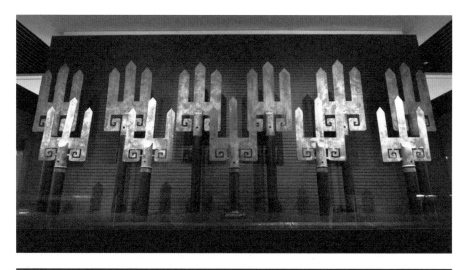

中山王方壺

中山國的文字類似小篆，記載着中山王出兵燕國，參與平定動亂，並取得勝利的史實。甚至製作中山王方壺的材料，都是來自這場戰爭的戰利品。

中山國的位置大致在今天河北省南部，處在兩個強國的包夾下，疆域線上步步皆兵。國王將理想的藍圖置於他的疆土，朝向南方，營造一片中軸線對稱的宮殿式建築。

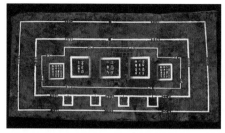

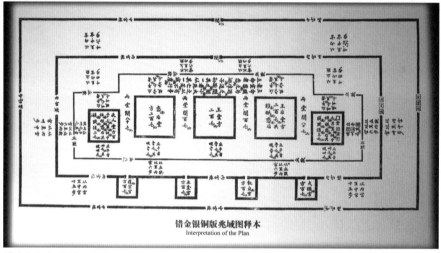

錯金銀銅版兆域圖釋本
Interpretation of the Plan

錯金銀銅版兆域圖釋本

　　兆域圖長 96 厘米，兩步之距；寬 48 厘米，一步之遙。這是天下之外的腳步。圖上標示王陵區域、陵上建築、各宮室面積和平面形狀，標有「尺」和「步」兩種度量單位。「尺」標示的建築，嚴格遵照比例尺繪製，比值為 1：500。精準規劃佈局的空間思維方式，在平面圖上鋪展開，視點置身高空，俯瞰遼闊大地。

　　可惜兆域圖的願景未能實現，只建造完中山王厝和哀后墓，中山國便覆

滅。中山國不再有地面上的疆域,它藏在了地下。

　　2300 年後,厝的名字和他眾多的銅器、錯金銀器重新出現在世人眼前,它們展現的是戰國時期的工程和機械技術。構造繁複的方案,兩隻公鹿兩隻母鹿四肢蜷起,內側的凹槽正好嵌套環形底座。龍鳳的雙翼和身軀纏繞交錯,四條龍修長的脖頸舒展向四個方向,龍頭轉接正方形案板邊框。方案由多個構件組裝而成,隨時等候拆卸,裝箱帶走。

錯金銀四龍四鳳方案座

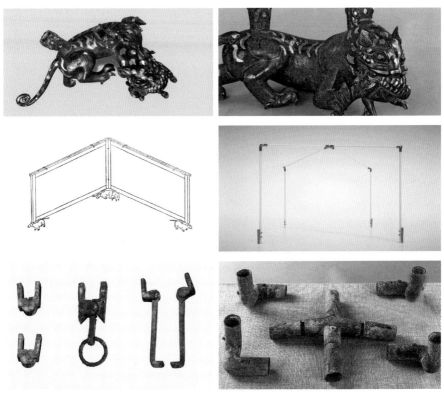

錯金銀虎噬鹿銅屏風座使用示意圖與局部

　　另一件錯金銀虎噬鹿銅屏風座上，兇猛的虎咬噬柔弱的鹿，腰肢順着用力的姿勢扭向一側，形成 84 度夾角，承托兩扇屏風。活軸合頁使屏風可以摺疊收納。另一組帳篷的銅構件不僅拆裝組合方便，而且轉動它們，可以快速簡便地摺疊帳篷。

　　這是在多麼飄搖的境遇中與現實相拚搏的創造力。也許正因為中山王身處戰亂，戎馬一生，才格外渴望一座井然有序的陵園，希望身後能在寢宮中獲得祥和與安息。

預作壽陵——打造帝王的身後世界

預作壽陵，是指古代帝王去世之前就開始提前建造自己陵寢的行為。這是中國古代帝王陵墓制度的一個重要特徵。中山王陵發現的這件兆域圖對於考古學研究很重要的一個意義，就在於它的發現證實了預作壽陵的存在。因為這是一幅陵墓園的規劃藍圖，一個並沒有完成的設計。兆域圖上除標明了建築物的大小、名稱外，還刊有一份中山王的詔書，根據詔書的內容我們可以知道兆域圖應該是一式兩份，一份隨王陪葬，一份藏於內府。藏於內府的這份則是中山王死後墓地陵園營建的主要依據。根據《周禮・春官》的記載，在古代社會一種被稱作「塚人」的官吏專門掌管公共墓地，並且「辨其兆域而為之圖」，這個銅版兆域圖正是這種圖像。

秦始皇帝陵

戰國之後伴隨着大統一帝國時代的到來，預作壽陵更是提升到了前所未有的高度。根據《史記・秦始皇本紀》的記載，「始皇初即位，穿治酈山，及併天下，天下徒送詣七十餘萬人，穿三泉，下銅而致槨，宮觀百官奇器珍怪徙臧滿之。令匠作機弩矢，有所穿近者輒射之。以水銀為百川江河大海，機相灌輸，上具天文，下具地理。以人魚膏為燭，度不滅者久之。」這些記載有很多已經被目前的考古發現所證實，例如經過對秦始皇陵及其周邊土壤的物理探測，可以確認秦始皇陵內部存在大量的水銀。

秦始皇帝陵銅車馬

秦始皇於公元前 246 年 13 歲時即王位，病死於公元前 210 年，也就是說秦始皇陵從修建到其去世前後建設時間長達 30 多年。而直到秦始皇去世，秦始皇陵也並沒有完全修好，秦始皇去世以後，秦二世又對秦始皇陵進行了很多善後的工作。如此長時間、大規模的勞役建設一方面為後期民眾起義埋下伏筆，同時也使得秦始皇陵成為古代墓葬建築藝術的結晶製作，更成為奇珍異寶的藏身之所。

秦始皇帝陵兵馬俑

　　到了西漢，雖然秦帝國因預作壽陵大規模勞役導致帝國覆滅的前車之鑒近在咫尺，西漢的帝王仍然是預作壽陵的堅決執行者。按照漢代的制度，天子即位第一年就要開始修建陵墓。《晉書》中說「漢天子即位一年而為陵，天下貢賦三分之，一供宗廟，一供賓客，一充山陵」，天下貢賦的三分之一用來營造陵墓，可見帝王對陵墓營造之重視，也可以想像工程之大耗費之巨。

　　到了東漢時期，這種大規模營造陵墓的現象有所克制。建武七年正月，光武帝下令薄葬。他也沒有遵循即位第一年就開始營造山陵的舊制，直到建武二十六年才開始「初作壽陵」。但是即便如此，預作壽陵的制度仍然沒有本

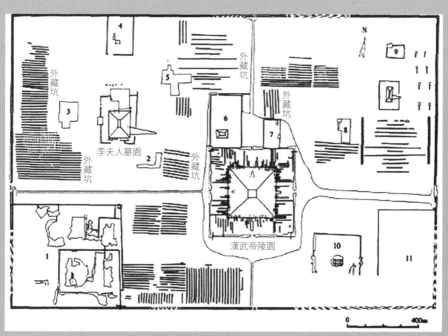

漢武帝茂陵陵區平面圖

質性的改變。《古今注》記載的光武帝原陵「山方三百二十三步，高六丈六尺（16 米左右）」，可見其規模仍然比較可觀。故預作壽陵的制度與古代陵王陵墓規制宏大、不能在短時間內完工有很大的關係。

　　預作壽陵的制度為古代帝王將相擁有身後豪華世界提供了可能，但同時這些費時費力打造的豪華陵墓也引起了盜墓者的關注。根據史書記載，秦始皇陵被項羽焚之一炬，西漢諸帝陵在西漢末期被赤眉軍幾乎挖遍。而到了東漢末年，董卓脅持漢獻帝南遷長安，「又使呂布發諸帝陵，及公卿以下塚墓，收其珍寶」。西晉末年，長安饑民又挖開了長安城東南的霸、杜二陵。除了這

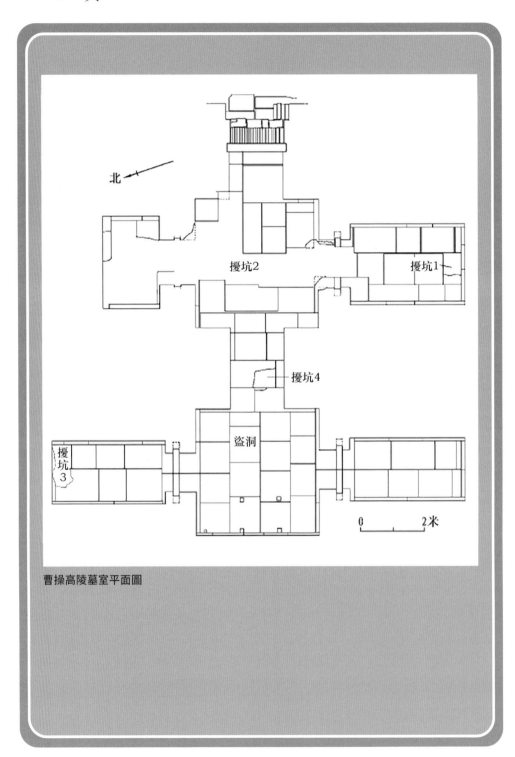

北

擾坑2

擾坑1

擾坑4

盜洞

擾坑3

0　　　　2米

曹操高陵墓室平面圖

種大規模有組織的盜掘，民間小偷小盜幾乎是千年不絕。如此看來，古代帝王花費大把時間和財富打造的地下世界並不是他們的長治久安之所，反而由於過於精心的準備引來了久久不息的災難。

東漢末年的梟雄曹操為了籌集軍餉，更是動用軍隊盜掘大型陵墓，甚至親自監工。而面對如此混亂的東漢局面，他深知如果自己的陵墓過於奢華將會帶來甚麼樣的後果。於是他早早對自己的身後事作了安排，「豫自製送終衣服四篋，題識其上：春、秋、冬、夏，日有不諱，隨時以斂，金珥珠玉銅鐵之物，一不得送。」建安二十二年六月他頒佈詔令，開始營建自己的陵墓。詔曰：「古之葬者，必居瘠薄之地。其規西門豹祠西原上為壽陵，因高為基，不封不樹。」事實上曹操葬後，他的陵寢還是有很多祭祀的「封樹」建築，只是在黃初三年被曹丕下令廢除，一方面是遵從曹操儉德之志，另一方面也是為了避免招惹盜墓者的注意。即便如此，2008年曹操墓被發現之後，呈現在我們面前的還是一個數次被盜、千瘡百孔的墓室，墓內的隨葬品也所剩無幾。時光荏苒，千年之後如此結局怕是睿智的曹操也未曾料想。

預作壽陵的制度在古代帝王的世系中綿延不絕。它存在的直接原因是因為古代帝王希望得到一個規模宏大、隨葬品豐厚的陵寢，這在短時間內是很難完成，必然會是一個規劃明確、歷時長久的工程。另外他們更把宏偉的陵墓看成是自己功業不朽的象徵。金代詩人趙秉文路過咸陽原，望着咸陽原上高大的帝王墳塚，不禁感歎：「渭水橋邊不見人，摩挲高塚臥麒麟。千秋萬古功名骨，化作咸陽原上塵。」歸根到底，預作壽陵看起來是帝王將相對身後世界的追求，而事實上卻是他們對現世榮華的不捨。

（魏鎮）

虎符

執於掌心間的千軍萬馬

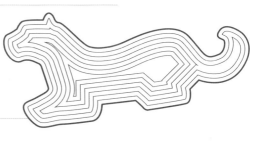

虎符

館藏：中國國家博物館
出土：傳出土於山東省棗莊市
年代：秦

這隻萌萌的銅老虎，安靜地趴着。乍一看並沒有相隔千年的距離感，但它身上的錯金銘文和一條規整的中縫，顯示着它不凡的身份——兵符。

虎符意味着軍權，見符即見君。兩千多年前，信陵君為得到它，不顧生命安危鋌而走險。秦軍已經包圍了趙國都城。脣亡齒寒，趙國滅國，魏國也將危在旦夕。而魏王因為害怕秦國報復，已經數次拒絕了他增援趙國的請求。信陵君的艱難在於他要不要想辦法盜走虎符，增援趙國。最終他還是這麼做了。兵符即合，萬馬齊發，趙國因此得救，魏國也有了暫時的安全。虎符成為扭轉國家生死存亡的拐點。

陽陵虎符

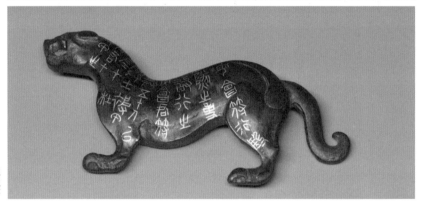

杜虎符

新郪虎符

現藏於陝西省歷史博物館的杜虎符是所有出土虎符中銘文最長的一件，有 40 個錯金篆書銘文，大意是：兵甲之符，右符在君王手中，左符在駐紮地的將軍手中，調動軍隊時，君王都會派人持右符去駐地，與將軍手中的左符符合，將軍才能出兵。

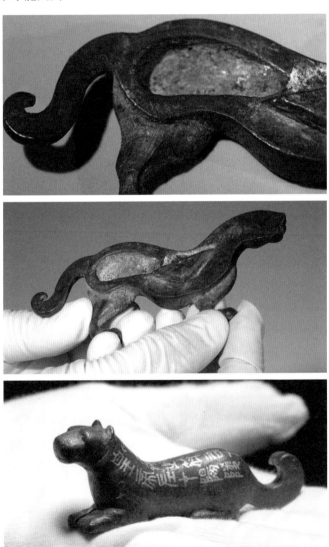

戰國時代戰火頻繁，軍情緊急，稍有閃失就可能殃及城池。山高水遠，沒有現代通信手段，君主就是靠虎符傳達軍令。為了保密，虎符通常設計成小巧隱匿的造型，實現「賬戶」和「密碼」的有效對接。

虎符都由左右兩半組成，君主和將軍各執一半，左右符的背面各有榫卯，一一對應，符到則君到。只有同為一組的虎符合在一起，才能發兵。這就是「符合」一詞的來歷。

古代朝廷傳達命令的憑證除了「符」，還有「節」。

鄂君啟銅節

現藏於安徽省博物館的鄂君啟銅節，是中國發現的最早的交通免稅憑證。相當於現在的交通運輸通行證。銅節上的銘文記載，這是公元前 323 年楚懷王發給兒子鄂君啟的運輸免稅證件。銅節分舟節和車節兩種，用時雙方各持一半，合節驗證無訛，才發生效力。

後世隨着勘驗手段的發展，符節漸漸成為歷史的背影，不過並非蹤跡全無。在後來的兩千多年裏，「符合」的校驗邏輯，已經根植於人類活動的角角落落，守護着現代社會的秩序。

符牌

「節」是先秦時期早期出現的信物，隨着君主集權的加強，「節」脱離了材料與樣式，發展成戰國秦漢時期盛行的軍事信物——「虎符」。君王利用璽印、兵符調兵遣將，從軍事制度上保證了君主集權制。

進入戰國時期後，由於社會的劇烈變動，各國相繼開展變法運動，諸如為人們所熟知的韓國申不害的改革，秦國的秦孝公、商鞅的變法，等等。各國的變法運動在加強封建國家政治上中央集權的同時，也使軍事領導權高度地集中到了國君的手裏，各國主要將帥均由國君任免，戰爭的決策和軍隊的調動完全控制在國君一人之手，將帥則只負有領兵作戰的職責。國君集中行使軍權的典型現象，就是各國兵符制度的普遍實施。

《三國演義》第五十一回中，諸葛亮在曹操赤壁兵敗北退後，利用虎符詐調曹兵守軍，從而奪取南郡、荊州和襄陽三座城池。由此可見兵符的作用之大。

取虎之勇猛所鑄造的「虎符」有着分而相合的特性，利用榫卯結構，分為左右兩個部分，通常情況下君主掌右符，地方軍事長官掌左符。杜虎符在出土之後，它的真偽曾受到過質疑。因其銘文所著為「君」，而未稱「王」，且銘文與新郪虎符高度相似，被有的學者指為仿造。但經過確認，杜虎符的出土信息並非偽造；歷史地理研究及其他出土文物也證明，「杜」字與當時當地的地名相合。銘文「右在君」更是判斷其年代的有效證據：它的製作時間應在公元前 338 年秦孝公卒，至公元前 325 年惠文君稱王之前。

漢代在兵符上承襲秦制，發兵時還需要詔書。虎符採用錯銀書，用篆書刻寫「一、二、三、四、五」等字樣作為編號，南北朝人在集解《史記・孝文本紀》時曾引用東漢應劭的解釋：「銅虎符，第一至第五，國家當發兵，

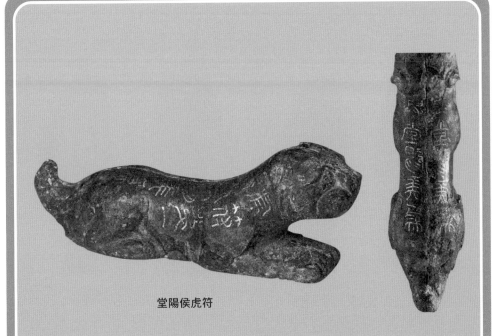

堂陽侯虎符

遣使者至郡合符，符合乃聽受之。」如中國國家博物館收藏的一件堂陽侯虎符，左右兩半均有相同的完整錯銀篆書銘文：「與堂陽侯為 / 虎符第一」。虎符發兵的制度經歷了從日漸完善到形式化的過程，到東漢後期，虎符隨着中央集權的削弱，在調兵中的重要性也發生了改變。

魏晉南北朝時期，虎符沿用不衰，到了隋代被改為麟符，而到了唐代，唐高祖避其祖諱「虎」字，改用兔符、魚符或龜符。

2008 年洛陽厚載門東的一座唐墓中出土一件青銅魚符，其一側為平面，上陰刻銘文「司馭少卿崔萬石」，魚腹刻有「合同」二字的左半邊。銘文「司馭」兩字之間有一大的「同」字，線條較粗且深，被學者認為是可做榫卯結構之榫槽。合同，即將兩個陰陽「同」字相合。校驗時，若榫卯結構的「同」字能夠契合，每側魚腹上刻的半邊「合同」二字銘文也就會合二為一。現在我們簽署文件在中縫蓋章大概也是一樣的校驗邏輯。

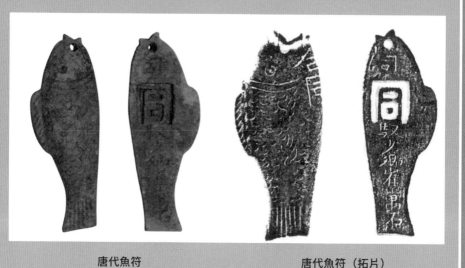

唐代魚符　　　　　　　　唐代魚符（拓片）

唐代的魚符主要用於地方官員的任命與罷黜，用作出入宮門、城門等的憑證，或用作隨身佩戴的身份標誌等等。且與秦漢時期相同，魚符還可用於調發軍隊。

遼代符牌制度發展二百餘年，從建國前的刻木為契，到金魚符、金牌、銀牌、木牌等其他樣式和質地的符牌不斷出現。遼寧省博物館藏有一件契丹文銅魚符，左半，魚形。背有鱗紋錯金，頂穿孔，內有作為榫卯結構的「同」凸字，下鑄下凹的契丹文。雖然魚鱗紋內原有的錯金已脫落，但仍閃閃發光，十分精美。

契丹文魚符

御馬監太監金牌

明代的符牌種類很多，如宮廷通行證性質的牙牌，標明身份的太監腰牌等；廚子的銅牌上有魚紋，養豹官軍的隨駕牌上有豹紋、鷹紋。符牌的形制及編號、使用及佩帶等都有不同的規定。

1991 年海淀區北下關地區的明代太監墓葬中出土了一枚「御馬監太監」金牌，正面豎排「御馬監太監」，背面「忠字叁拾捌號」，金質腰牌非太監級別所能使用，應是為隨葬而專製的明器。明太祖朱元璋時為限制宦官權力，曾鑄鐵牌於宮門，規定「內臣不得干預政事，預者斬」。但至明英宗時期，大太監王振毀了鐵牌，宦官逐漸取得出使、監軍等大權，形成了明代宦官專權的局面，因此在明代的太監墓中以金質的太監腰牌做隨葬品是有可能的。

夜巡牌應是夜巡制度的產物，從考古發現看，夜巡牌元代已有，如江蘇揚州城出土一枚元代銅牌。至明代夜巡銅牌的發現更多，如遼寧義縣出土一件明代義州夜巡牌，看起來已經是程式化的「工作證」了。工作地點在頂部

義州夜巡牌

的「義州」。令牌正面上中部突出一大陽文楷書「令」字，令字旁有生產日期「洪武二十三年造」，工號「義字九號」；令牌的背面還用篆書「夜禁嚴肅，巡緝奸邪」，猶如夜巡工作人員的口號。據此推測這枚夜巡牌當為明洪武年間義州衛守軍使用的令牌。

　　符、牌已成為歷史的縮影，現代社會隨着網絡與科技的發展，人們用更豐富更個性化的內容去作為信物或是標明身份。「大英博物館 100 件文物中的世界史」展中，上海博物館策展團隊選擇用二維碼來作為當代中國的名片，成為第 101 件文物。這是一個既契合當下、又體現人文關懷的創意。二維碼不僅是存在於當代社會生活中的重要媒介，透過這張二維碼，我們似乎也看到了遙遠的符牌的影子，在歷史沉澱中醒來。

（陳坤）

中國歷史年代簡表

舊石器時代	約 170 萬年前—1 萬年前
新石器時代	約 1 萬年前—4000 年前
夏	公元前 2070 年—公元前 1600 年
商	公元前 1600 年—公元前 1046 年
西周	公元前 1046 年—公元前 771 年
春秋	公元前 770 年—公元前 476 年
戰國	公元前 475 年—公元前 221 年
秦	公元前 221 年—公元前 206 年
西漢	公元前 206 年—公元 25 年
東漢	公元 25 年—公元 220 年
三國	公元 220 年—公元 280 年
西晉	公元 265 年—公元 317 年
東晉	公元 317 年—公元 420 年
南北朝	公元 420 年—公元 589 年
隋	公元 581 年—公元 618 年
唐	公元 618 年—公元 907 年
五代	公元 907 年—公元 960 年
北宋	公元 960 年—公元 1127 年
南宋	公元 1127 年—公元 1279 年
元	公元 1206 年—公元 1368 年
明	公元 1368 年—公元 1644 年
清	公元 1616 年—公元 1911 年
中華民國	公元 1912 年—公元 1949 年
中華人民共和國	公元 1949 年成立

*《現代漢語詞典》第六版附錄「我國歷代紀元表」

◎ 責任編輯：楊歌

◎ 封面設計：張詠心

◎ 版式設計：張詠心

◎ 排版：張詠心

◎ 印務：劉漢舉

如果國寶會說話　第一季

編著｜《如果國寶會說話》節目組

出版｜中華教育

香港北角英皇道 499 號北角工業大廈 1 樓 B 室

電話：(852) 2137 2338　傳真：(852) 2713 8202

電子郵件：info@chunghwabook.com.hk

網址：http://www.chunghwabook.com.hk

發行｜香港聯合書刊物流有限公司

香港新界荃灣德士古道 220-248 號荃灣工業中心 16 樓

電話：(852) 2150 2100　傳真：(852) 2407 3062

電子郵件：info@suplogistics.com.hk

印刷｜美雅印刷製本有限公司

香港觀塘榮業街 6 號海濱工業大廈 4 字樓 A 室

版次｜2022 年 11 月第 1 版第 1 次印刷

©2022 中華教育

規格｜16 開（230mm x 155mm）

ISBN｜978-988-8759-63-7

本書由五洲傳播出版社授權中華書局（香港）有限公司以中文繁體版在中國大陸以外地區使用並出版發行。
該版權受法律保護，未經同意，任何機構與個人不得以任何形式複製、轉載。
本書內容來自中央廣播電視總台和國家文物局聯合攝製，中央廣播電視總台影視劇紀錄片中心製作的紀錄片
《如果國寶會說話》（第一季／第二季）。